全国船舶工业职业教育教学指导委员会"十三五"规划教材

U0645191

COMPASS 建模
与船舶性能计算教程

编　著　倪　军　朱显玲

主　审　杨　鹊　陈志飚

哈尔滨工程大学出版社

Harbin Engineering University Press

内 容 简 介

本书比较详细地介绍了内河 COMPASS – Inland 2016 版软件的功能、使用方法和一些基本技巧。由于该软件具有很强的专业性,针对初学者,本书结合实际案例,分模块讲解内河 COMPASS 的基本界面、船壳三维建模方法以及船舶性能计算的基本过程,其中性能计算模块包括船舶静水力、舱容曲线、完整稳性、许用重心和破损稳性计算。通过对本书的学习,读者可以掌握 COMPASS 船体建模和性能计算方法,为将来从事船舶设计工作奠定扎实的基础。

本书可以作为高职高专船舶工程技术专业教材,也可以作为广大船舶爱好者学习 COMPASS 软件的自学教材,对于从事船舶性能计算的工程技术人员也有较高的参考价值。

图书在版编目(CIP)数据

COMPASS 建模与船舶性能计算教程／倪军,朱显玲编著. — 哈尔滨:哈尔滨工程大学出版社,2019.12(2022.7 重印)
ISBN 978 – 7 – 5661 – 2244 – 5

Ⅰ. ①C… Ⅱ. ①倪… ②朱… Ⅲ. ①船舶性能 – 计算机辅助计算 – 教材 Ⅳ. ①U661 – 39

中国版本图书馆 CIP 数据核字(2019)第 268573 号

选题策划   史大伟   薛　力
责任编辑   张植朴   刘海霞
封面设计   李海波

出版发行	哈尔滨工程大学出版社
社　　址	哈尔滨市南岗区南通大街 145 号
邮政编码	150001
发行电话	0451 – 82519328
传　　真	0451 – 82519699
经　　销	新华书店
印　　刷	哈尔滨午阳印刷有限公司
开　　本	787 mm × 1 092 mm　1/16
插　　页	4
印　　张	12
字　　数	331 千字
版　　次	2019 年 12 月第 1 版
印　　次	2022 年 7 月第 2 次印刷
定　　价	35.00 元

http://www.hrbeupress.com
E-mail:heupress@ hrbeu.edu.cn

船舶行指委"十三五"规划教材编委会

前　　言

　　船舶静力学是一门传统学科,内容包括静水力性能计算、各种载况的浮态和稳性计算、抗沉性计算,等等。这些计算原理复杂,加之船体型表面是通过截面型线来离散表达的,故使得船舶性能计算工作量非常大。随着计算机技术的日益发展,为了满足船舶设计、规范研究和船舶审图的需要,中国船级社武汉规范研究所于 2016 年开始开发 COMPASS 软件,即三维船体型表面与舱室建模以及基于三维模型的静水力、舱容曲线、完整稳性、许用重心和破损稳性计算软件,该软件适用于内河常规线型、折角线型、球艏球艉线型、非对称线型、双体船、隧道船、双艉线型以及组合线型等船型,取代旧版的二维 CYZWX 软件。

　　为了规范高等职业教育船舶技术类专业的教学,积极推进课程改革与教材建设,培养能适应社会需求的现代应用型人才,武汉船舶职业技术学院、武汉交通职业学院、无锡交通高等职业技术学院的骨干教师和中国船级社武汉规范研究所的专家共同编写了本书。全书图文并茂、通俗易懂、实用性强,适合高职院校学生的教学,也适合船舶相关职业培训和广大船舶软件爱好者自学。

　　COMPASS 软件具有很强的专业性,因此初学者往往难以快速了解其使用方法和要点。本书针对初学者,结合"1 000 t 多用途船"实例,深入浅出地讲解 COMPASS 的基本界面、船壳三维建模和船舶性能计算的基本过程。全书分为 10 章,第 1 章为基本原理;第 2 章和第 3 章介绍 COMPASS 软件的基础认识和界面设置;第 4 章和第 5 章讲解 COMPASS 软件的基础几何建模语言和对象拾取与显示;第 6 章和第 7 章讲解船体建模的具体应用及实际建模案例;第 8 章讲解船体舱室建模的语言和方法;第 9 章讲解船舶性能计算及计算结果读入、输出的方法;第 10 章介绍特殊型线及特殊船型建模处理的原则方法;附录 A 为一艘双艉鳍球艏客船建模的完整命令流,为读者自学命令流提供了样板;附录 B 至附录 F 为"1 000 t 多用途船"船型资料和性能计算结果(节选),可供读者对照教材正文查阅相关数据。

　　通过理论学习,结合上机实训,广大读者可以掌握 COMPASS 软件的应用方法和技巧,特别是第 10 章,对于有更高学习要求的读者而言,在面对复杂多样的实际工程应用时,它提供了极好的建模思路和指导方法。

　　本书是根据中国船级社武汉规范研究所发布的 COMPASS – Inland 2016 版软件编制而成的,参加编写工作的有:武汉船舶职业技术学院倪军(编写第 6 章、第 7 章、第 9 章以及附录 B 至附录 F)、朱显玲(编写第 4 章、第 5 章以及附录 A);武汉交通职业学院叶姗(编写第

2 章、第 3 章),江苏省无锡交通高等职业技术学院刘新立(编写第 8 章),中国船级社武汉规范研究所陈志飚、陈庆任(分别编写第 1、第 10 章)也参与了本书的编写工作。本书由武汉船舶职业技术学院杨鸽副教授及中国船级社武汉规范研究所陈志飚博士担任主审。

由于编者水平有限,书中难免有疏漏与不足之处,恳切希望使用本书的老师、同学等广大读者提出宝贵意见,以促进本书再版时进一步改进和提高。

编著者

2019 年 10 月

目　　录

第 1 章 基 本 原 理

1.1 概 述

1.1.1 COMPASS 平台

COMPASS 是中国船级社研发的船舶规范计算平台,包含 COMPASS – Rules、COMPASS – 3D、COMPASS – Inland 等一系列软件。

本书仅针对 COMPASS – Inland 2016 版(内河船舶规范计算系统)进行讲解,后续内容如无特别说明,一般均简称为 COMPASS,其用户界面如图 1 – 1 所示。

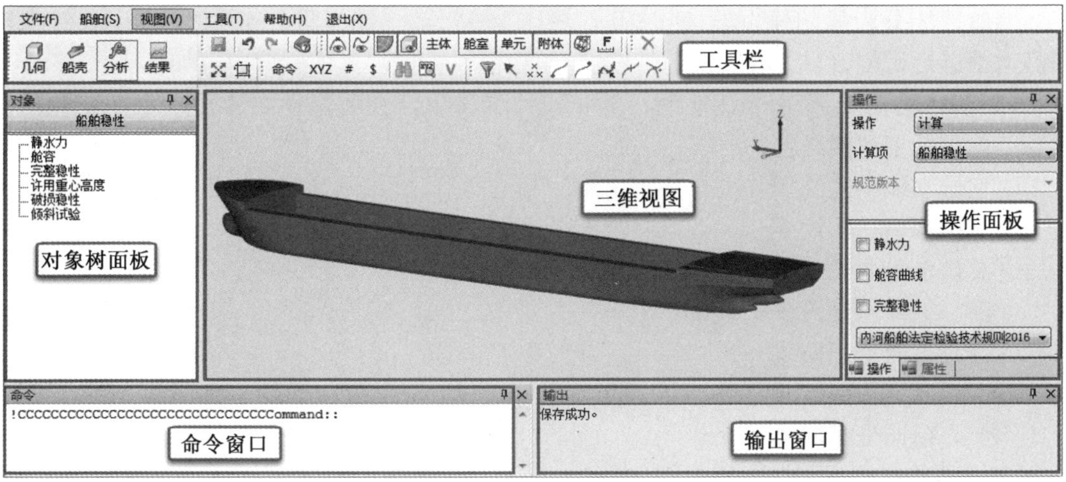

图 1 – 1 COMPASS 用户界面

COMPASS 主要提供船体稳性和总纵强度计算校核,适用于船舶辅助设计与审图。该系统始于 20 世纪 80 年代,即广为人知的"船舶静水力计算及稳性衡准程序(CYZWX)",2009 年整合了"长大开口船舶弯扭组合强度计算校核程序(SCLOS)",2016 年实现从二维到三维船体建模与稳性计算的升级换代。目前主要包括如下模块:

1. 船壳与舱室建模

COMPASS 可通过三维图形交互式建模,也可通过命令流快速建模,能创建任意外形的三维船壳,包括球鼻、多舭、凸形甲板、升高甲板、艏侧推、底隧道等。建模中实现了点与线以及线与线的关联与联动,例如:创建纵剖线时可以直接引用已有横剖线上的点,并且在横剖线形状变化后,纵剖线能跟随变化。

舱室可通过参数化方法快速创建,仅需指定舱室的前后端点位置以及舱室端面的形状。此外,也能通过布尔运算创建复杂形状的舱室。

2.稳性计算衡准

稳性计算中,采用全新自主研发的三维算法,不同于常规切片积分,不仅提高了计算精度,而且摆脱了船体形状的限制,适用于任意形状三维船体的稳性计算,如浮船坞、多体船、组合船体等,计算功能包含静水力、舱容曲线、完整稳性、破舱稳性、许用重心高度、倾斜试验等。

衡准校核时,已覆盖《内河船舶法定检验技术规则》规定的干货船、液货船、客船、集装箱船、自卸砂船、挖泥船、起重船、趸船等船型,同时可由用户指定按不同年份的规范版本进行衡准。

3.总纵强度校核

采用薄壁等直有限梁法进行计算,可实现船体梁总纵弯曲和长大开口船舶的弯扭组合强度计算校核。

本书将围绕前两个功能模块进行详细讲解,指导船舶专业学生学习和使用 COMPASS 进行建模和计算。

1.1.2 船舶性能计算

船舶性能分为船舶静力学、船舶阻力、船舶推进、船舶操纵等几个方面,本书仅针对船舶静力学进行讲解,包括浮性、初稳性、大倾角稳性、抗沉性,具体计算内容如下:

(1)静水力曲线:全面表达船舶在静止正浮状态下浮性和稳性要素随吃水而变化的规律。一般包括下列曲线:

①型排水体积曲线 ∇。

②总排水体积曲线 ∇_K。

③总排水量曲线 Δ_K。

④浮心纵向坐标曲线 x_b。

⑤浮心垂向坐标曲线 z_b。

⑥水线面面积曲线 A_w。

⑦漂心纵向坐标曲线 x_f。

⑧每厘米吃水吨数曲线 TPC。

⑨横稳心垂向坐标曲线 z_m。

⑩纵稳心垂向坐标曲线 z_{ml}。

⑪每厘米纵倾力矩曲线 MTC。

⑫水线面系数曲线 C_{wp}。

⑬中横剖面系数曲线 C_m。

⑭方形系数曲线 C_b。

⑮棱形系数曲线 C_p。

其中,①～⑧为浮性曲线,⑨～⑪为稳性曲线,⑫～⑮为船型系数曲线。

(2)邦金曲线:也叫邦戎曲线,是一组指定船舶横剖面位置处的面积曲线,$A = f(d)$。

其中,每一条曲线表示该处横剖面在不同吃水线 d 以下浸入水中的面积 A,通常用适当的比例尺直接表示在船体纵向剖视图的相应横剖面位置处,用来确定排水量和浮心在船长方向的位置,特别是在船舶有较大纵倾的情况下。

为便于计算船舶在纵倾水线下的浮心,有时也在横剖面位置处画出横剖面面积对基平

面的静矩曲线 $M = f(d)$，该曲线一般用虚线表示。

（3）进水角曲线：船舶进水角随排水体积变化的曲线。

船上每个可能进水的开口处都对应一个进水角曲线，通常所说的进水角曲线是指这些曲线的下包络线。

（4）极限静倾角曲线：船舶极限静倾角随排水量变化的曲线。

极限静倾角，在船舶原理中一般是指船舶最大复原力臂对应的横倾角。而在船舶稳性规范中，极限静倾角则是指干舷甲板边缘入水角或舭部中点出水角（取小者），同时对于特定的船型（如客船、消防船）还可能有最大值限制，一般可以理解为"许用极限静倾角"，船舶在某些力矩（如回航倾侧力矩、乘客集舷倾侧力矩、消防炮喷射倾侧力矩）作用下的静倾角不得超过此数值，否则便会造成稳性不足。

（5）稳性横截曲线：也叫稳性横交曲线，是一系列不同横倾角 θ 对应的 l_s 随排水体积 ∇ 变化的曲线，$l_s = f(\nabla, \theta)$。

其中，l_s 是不同横倾角不同排水体积时浮力作用线至假定重心的距离，重心通常取在基平面和纵中剖面的交线上。

（6）舱容曲线：舱室在船舶静止正浮状态下总容积、净容积、容积形心、自由液面惯性矩等要素随舱内液面高度而变化的一组曲线。

（7）完整稳性：船舶在给定装载工况和环境条件下的浮态、初稳性、稳性曲线及稳性特征值。

（8）倾斜试验：通过船舶横倾来求得船舶完工后的实际质量和重心高度的一种有效方法。根据国际国内造船业通行做法及政府主管部门的有关规定，对于新建船舶、稳性变坏的船舶和对其稳性发生怀疑的船舶应做倾斜试验。试验结果要求准确可靠，它不仅能用来计算该船的初稳性，也为以后设计同类型船舶提供了可靠的参考资料。

（9）许用重心高度曲线：也叫极限重心高度曲线，是船舶在各种装载情况时（即不同排水量时）许用重心高度随排水量变化的曲线。

许用重心高度，是指船舶恰好能满足稳性指标要求的重心高度，船舶重心高度不可超过此极限数值，否则便会造成稳性不足，航行安全得不到保障。

对于不同的稳性指标要求（如初稳性高或最大复原力臂），每个稳性指标都有其对应的许用重心高度曲线。实际采用的许用重心高度曲线是船舶满足规范各稳性指标要求的所有许用重心高度曲线的下包络线。

（10）破舱稳性：指船舶在给定装载工况、破损条件和环境条件下的破损浮态、剩余初稳性、剩余稳性曲线及剩余稳性特征值。

1.2 船 体 建 模

1.2.1 船体建模目的

船体建模的目的是为稳性计算做准备，即采用一定的方式准确描述船体外壳和舱室模型。船舶稳性计算中，模型的好坏和准确性与计算结果息息相关。

建模输出结果为船体模型和舱室模型，以数据或几何体方式表达。

1.2.2 模型表达方式

船体建模工具,从模型表达和人机交互两个方面加以区分,大体上可划分为4个阶段,即 1.5D、2D、2.5D 和 3D,其本质区别见表 1-1。

表 1-1 船体建模发展

时代特征	模型表达	人机交互	优缺点
1.5D(1.5 维)	船体数据点/线/型值表舱室端面数据	数据文件,无图形显示	
2D(2 维)	船体数据点/线/型值表舱室端面数据	数据文件读入,或表格窗口录入平面曲线显示	
2.5D(2.5 维)	船体数据点/线/型值表舱室端面/边界数据	表格窗口录入,或命令流录入三维显示 + 交互操作	没有系统地引入三维人机交互可视化技术,创建和展示船舶三维形体的功能不够友好和直观,影响用户使用和体验
3D(3 维)	三维几何船体三维几何舱室	表格窗口录入,或命令流录入三维显示 + 交互操作	能描述任意形状的船体和舱室

目前,国外商用软件以 NAPA 和 MAAT Hydro 为代表,两者均已全面处于 3D 阶段,COMPASS 同样也进入 3D 阶段,与前两者所不同的是三维建模和交互的友好性、便捷性。

1.2.3 COMPASS 建模流程

COMPASS 船体建模以三维形式表达,所见即所得,可准确描述船体和舱室外形。推荐的船体建模流程是:首先创建型线,由型线创建型表面,继而由型表面围成主船体,然后分舱得到舱室,即型线→型表面→主船体→舱室,如图 1-2 所示。除了采用推荐的建模流程外,用户也可自由建模,比如直接创建长方体、体与体布尔运算组合创建新体。

与传统 CAD/CAE 类软件相比,COMPASS 建模具有如下特点:

(1)建模方式灵活多样:可采用友好的图形交互式建模,即图元拾取和特征点捕捉 + 操作面板;也可采用高效的命令流批处理建模,适用于熟练用户进行全船快速建模和母型船改造;也可以两者混用。

(2)支持船舶坐标表达式:即采用肋位坐标、站位坐标表示坐标点的 X 坐标分量,例如 #10 +100 表示 10 号肋位正向偏移 100 mm,$2 -100 表示 2 号站位反向偏移 100 mm,使用前只需定义肋位表和站位表即可。

(3)支持引用表达式:用于表示坐标点或坐标分量,适用于 $X/Y/Z$ 单坐标分量、$XY/YZ/XZ$ 平面坐标和 XYZ 空间坐标,典型示例见表 1-2。

型线
横剖线→纵向线→加密线

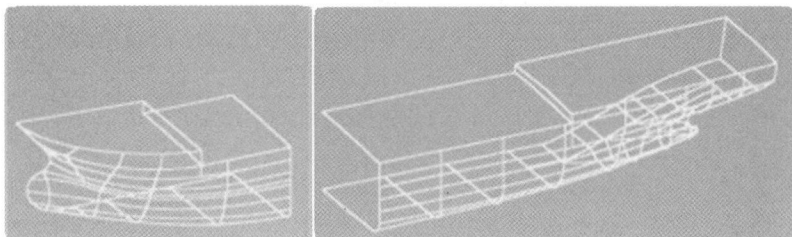

型表面
艉部面→舯部面→艏部面

主船体
型表面→其镜像面

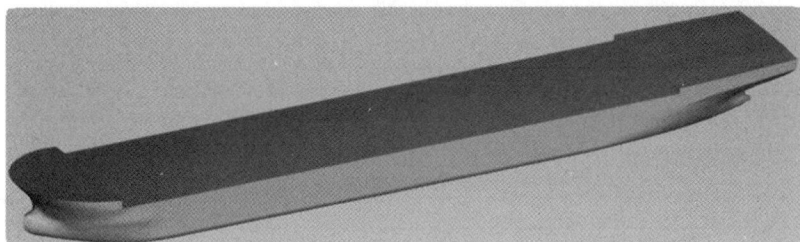

舱室
前后端面→端面形状

图 1-2　COMPASS 建模流程

表 1-2　引用表达式典型示例

引用表达式	含义(P1、C1、C2 等表示对象的名称标志)
P1	用于任意坐标,表示点 P1 所在的坐标点
C1	用于平面坐标,表示 C1 曲线与该平面的交点
C1/Z = 3	用于任意坐标,表示 C1 曲线与 $Z=3$ 平面的交点
C1/Y > 3	用于平面坐标,表示 C1 曲线与该平面的多个交点中 $Y>3$ 的交点, 类似表达式:$Y<3$,$Y\sim3$(约等于 3)
C1/C2	用于任意坐标,表示 C1 曲线与 C2 曲线的交点
C1/n = 1	用于任意坐标,表示 C1 曲线上的第一个插值节点, 类似表达式:$n=-1$,表示倒数第一个插值节点

（4）支持点线和线线关联并自动联动：创建新曲线时，坐标点可采用引用表达式，引用现有点/线上的点（表1-2），当被引用的点/线修改后，新曲线会自动联动更新，如图1-3中深色曲线所示。

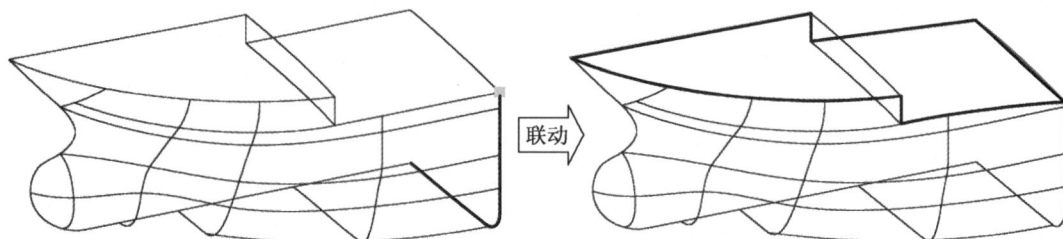

图1-3　曲线修改后关联曲线自动联动更新

1.2.4　典型船体模型示例

COMPASS能创建任意外形的三维船壳，包括球艏、多艉、凸形甲板、升高甲板、艏侧推、底隧道等。典型船体模型示例如图1-4至图1-12所示。

图1-4　集散两用船（双艉、球艏、艏艉升高）

图1-5　高速客船（折角、双艉轴隧）

图1-6　游览船（三艉）

1.2.5　典型舱室模型示例

典型舱室模型示例如图1-13和图1-14所示。

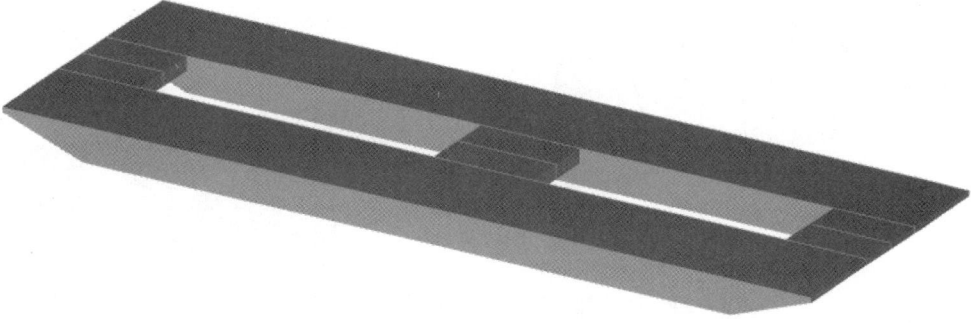

图 1-7 演艺趸船(组合船体)

图 1-8 多隧道双体船

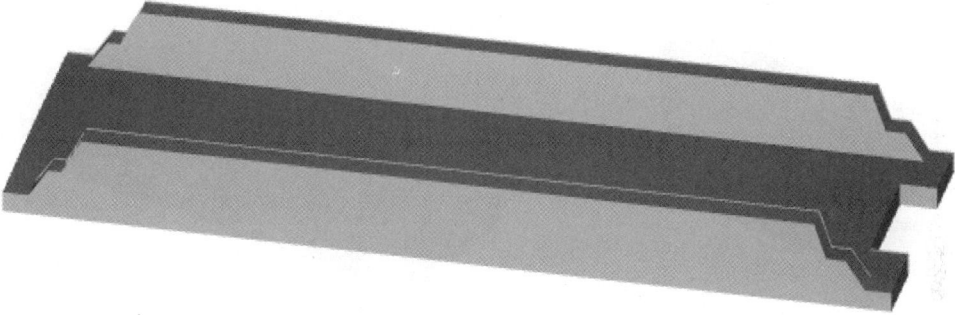

图 1-9 浮船坞

图 1-10 前后开槽组合式挖泥船

图 1 – 11　油化船(凸形甲板、双艉、球艏、艏艉升高)

图 1 – 12　藻水分离船(U 形船体)

(a)舷边舱

(b)双层底舱

图 1 – 13　简单舱室

(a)艉部燃油舱

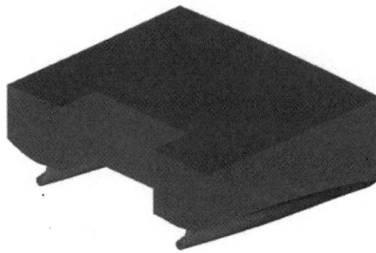

(b)艉部机舱

图 1 – 14　复杂组合舱室

1.3　稳　性　计　算

1.3.1　稳性计算目的

稳性计算的目的是获知船舶在各种装载工况下的浮态、抗翻倾能力(初稳性、稳性曲线及稳性特征值)以及抗沉性(如需要时)。

计算输出结果为浮性、初稳性、大倾角稳性、抗沉性,详见本章1.1.1。

1.3.2　稳性计算方式

船舶稳性计算工具从模型输入和计算方式两个方面加以区分,大体上可划分为4个阶段,即1.5D、2D、2.5D和3D,其本质区别见表1-3。

表1-3　稳性专业计算软件对比

时代特征	模型表达	计算方式和算法	优缺点
1.5D(1.5维)	数据点/线/型值表 端面数据	手工平面切片积分	
2D(2维)	数据点/线/型值表 端面数据	电脑平面切片积分	
2.5D(2.5维)	三维几何船体 三维几何舱室	电脑平面切片积分	适用的船体形状受到一定的制约
3D(3维)	三维几何船体 三维几何舱室	三维表面网格积分	摆脱了船体形状限制

COMPASS已经全面进入3D阶段,因此已经摆脱了计算对象的形状制约——只要具有排水体积的物体,均能用它计算稳性。

1.3.3　COMPASS稳性计算

建模完成后可进行稳性计算与衡准,其中最为关键的部分是三维几何参数计算、浮态平衡计算和稳性衡准计算校核。

1. 三维几何参数计算

对于船体排水体积、惯性矩、形心等三维几何参数,传统方法是将船体的三维积分转换为沿船长或型深的切片(横剖面或水线面)近似积分[1]。这种算法的计算精度受到限制,且对不规则和复杂的形体难以计算。

COMPASS采用了全新的积分算法,将三维船体(主船体、舱室及附体)的三维表面转换为三维网格单元,并应用高斯定理将船体的三维体积分转换为体表面的二维积分[2]。本算法的积分边界是建模得到的三维表面,相比于传统切片积分算法,计算结果精度可控,同时也可适用于任意三维形体。

2. 浮态平衡计算

COMPASS 摒弃了通过静水力数据求解的传统方法,转而通过浮态平衡方程直接求解船舶浮态,使浮态计算结果更准确。求解中采用了牛顿迭代法,为此推导了与船体模型相一致的右手坐标系下的重力、纵倾力矩及横倾力矩三个平衡方程求解浮态的 Jacobi 矩阵[3],如下:

$$J = \begin{bmatrix} \bar{S} & \bar{S} \cdot \bar{X}_F & -\bar{S} \cdot \bar{Y}_F \\ \bar{S}(\bar{X}_F + \bar{Z}_F \tan\varphi) & \bar{I}_y(1 + \tan^2\varphi) - \bar{I}_{xy}\tan\theta\tan\varphi + \bar{S}\bar{X}_F T_m\tan\varphi + \bar{m}_{xy} & -\bar{I}_{xy}(1 + \tan^2\varphi) + \bar{I}_x\tan\theta\tan\varphi - \bar{S}\bar{Y}_F T_m\tan\varphi \\ \bar{S}(\bar{Y}_F - \bar{Z}_F \tan\theta) & \bar{I}_{xy}(1 + \tan^2\theta) - \bar{I}_y\tan\theta\tan\varphi - \bar{S}\bar{X}_F T_m\tan\theta & -\bar{I}_x(1 + \tan^2\theta) + \bar{I}_{xy}\tan\theta\tan\varphi + \bar{S}\bar{Y}_F T_m\tan\theta - \bar{m}_{xy} \end{bmatrix}$$

式中　T_m、φ、θ ——依次为船中处吃水、纵倾角和横倾角;

　　　$\bar{S}$、$\bar{X}_F$、$\bar{Y}_F$、$\bar{Z}_F$ ——依次为有效水线面投影面积和漂心坐标;

　　　$\bar{I}_x$、$\bar{I}_y$、$\bar{I}_{xy}$ ——依次为有效水线面投影面对 X、Y 坐标轴的惯性矩和惯性积;

　　　$\bar{m}_{xy}$ ——$\bar{m}_{xy} = \bar{\Delta}\bar{Z}_b - GZ_g$,其中 $\bar{\Delta}$、$\bar{Z}_b$ 为有效排水量与浮心 Z 坐标,G、Z_g 为船舶排水量与重心 Z 坐标。

在此基础上,进一步完成了静稳性曲线计算的两方程求解(重力、纵倾力矩平衡)、进水角/极限静倾角计算的三方程求解(重力、纵倾力矩平衡、进水点/出水点在水面)和破损状态浮态方程求解(扣除破舱)等所需的雅可比(Jacobi)矩阵的推导。

3. 稳性衡准计算校核

根据业内通行规则——"老船老办法,新船新办法"(此处所指"办法",既包括规范标准,也包括与规范标准配套的计算软件),从用户使用便捷性角度考虑,COMPASS 稳性衡准模块设计为多衡准可选,并集成一体,使得用户可按需要选择相应衡准,无须担心软件后续升级对现有船的支持。

目前 COMPASS 支持《内河船舶法定检验技术规则》2011、2015、2016 修改通报,后续还将根据需要增加新的衡准。

1.3.4　典型计算结果示例

COMPASS 稳性计算功能包括静水力、舱容曲线、完整稳性、破舱稳性、许用重心高度、倾斜试验。其典型计算结果曲线示例如图 1-15 至图 1-22 所示,由于图中线条颜色较多,区分不明显,将彩色原图放入如下二维码中。

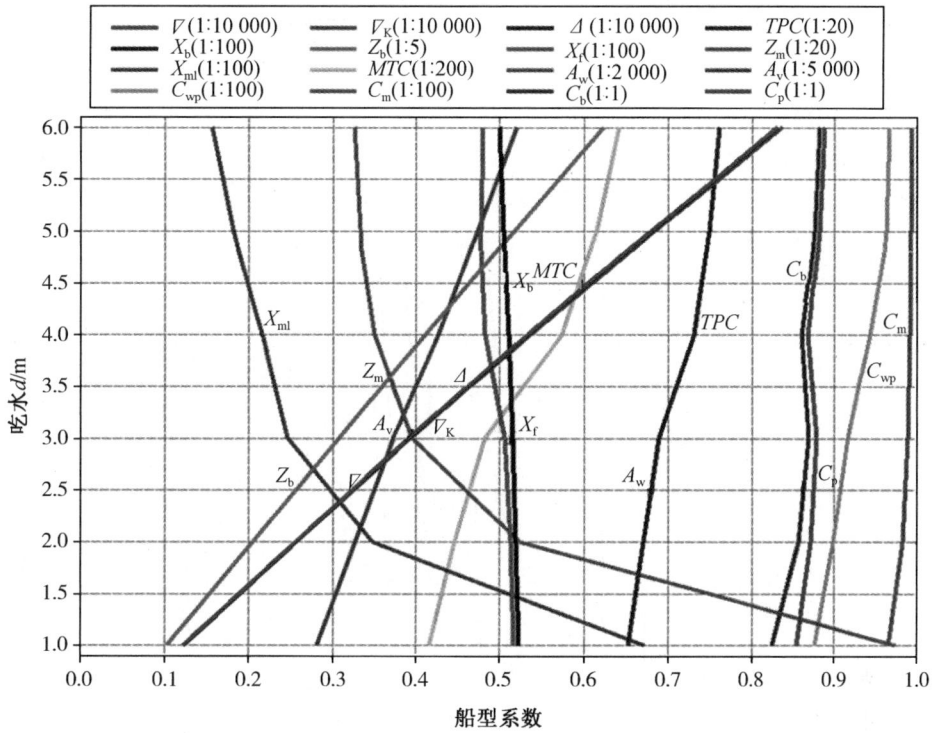

图 1 – 15　静水力曲线

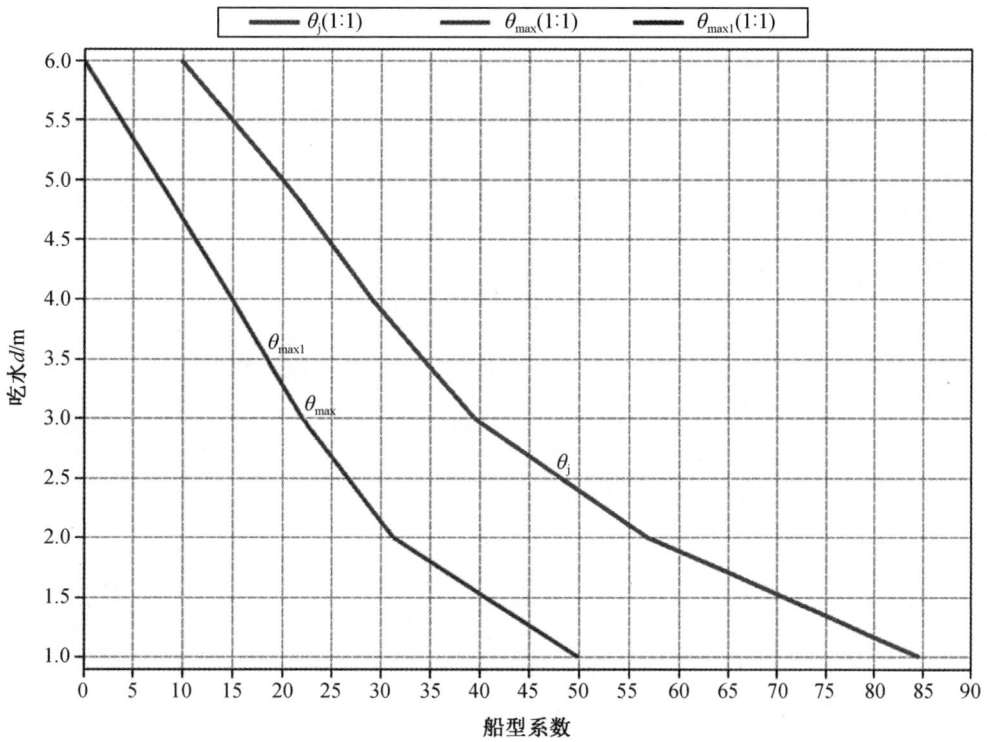

图 1 – 16　进水角与极限静倾角曲线

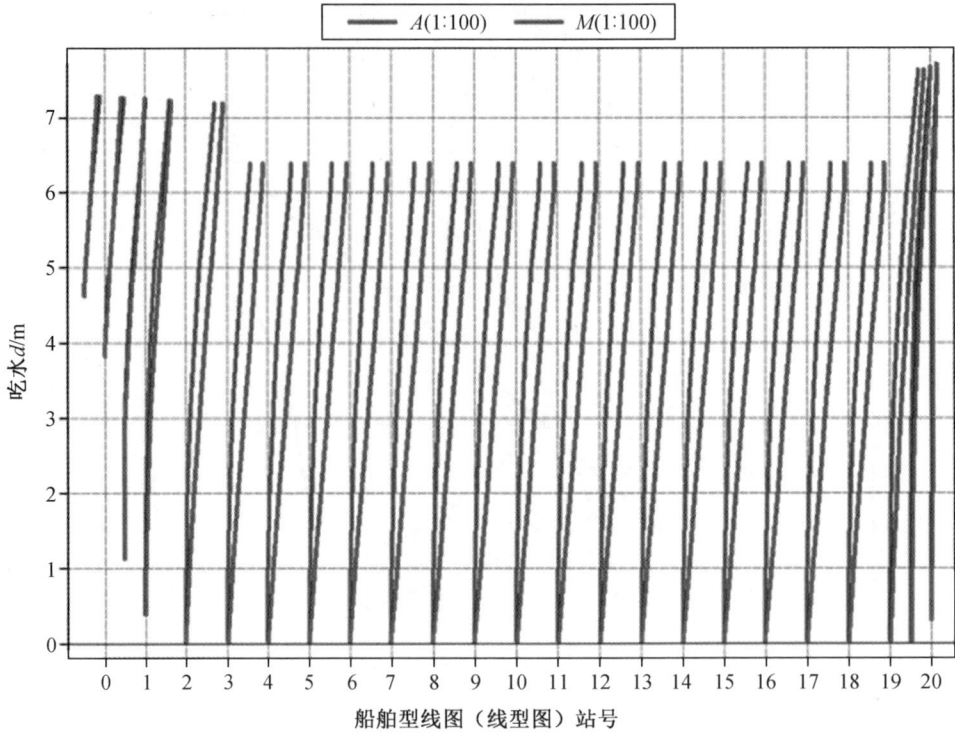

图 1 - 17　邦金曲线

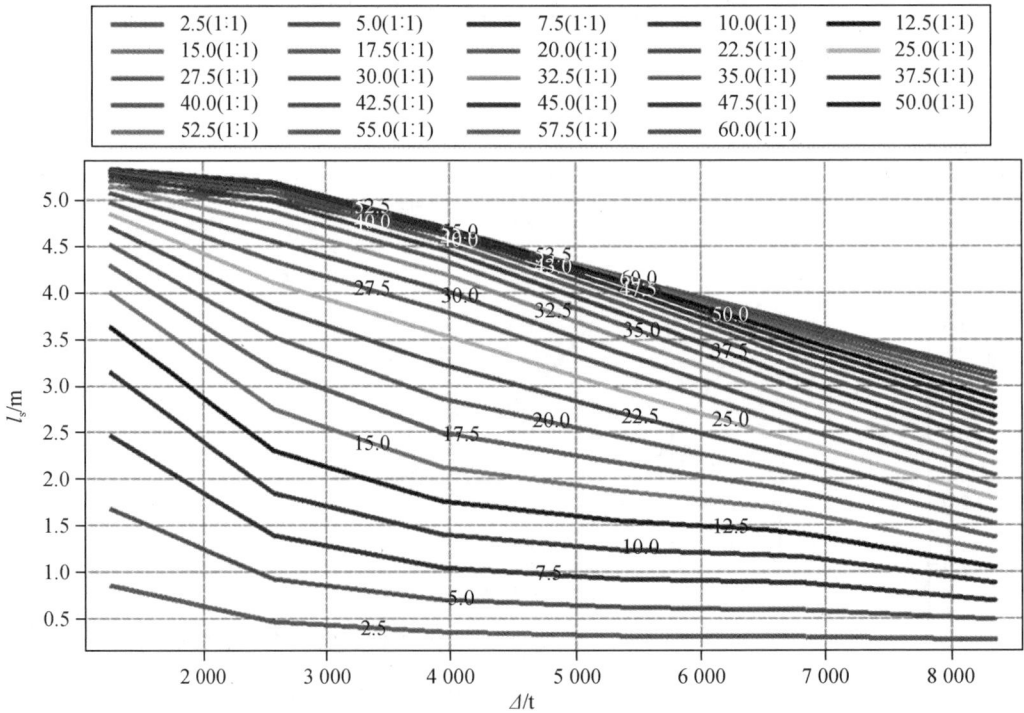

图 1 - 18　稳性横截曲线

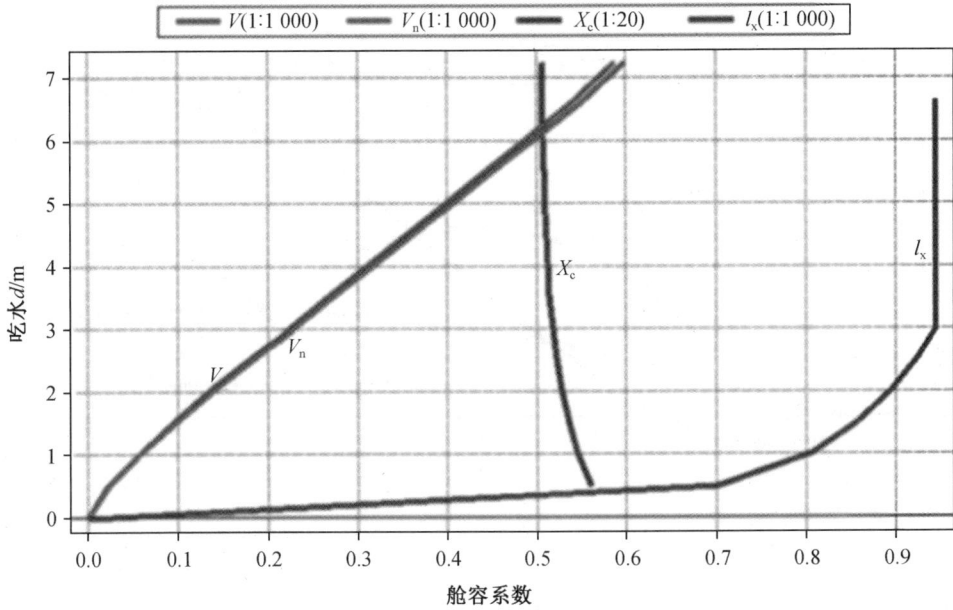

图 1 − 19　舱容曲线

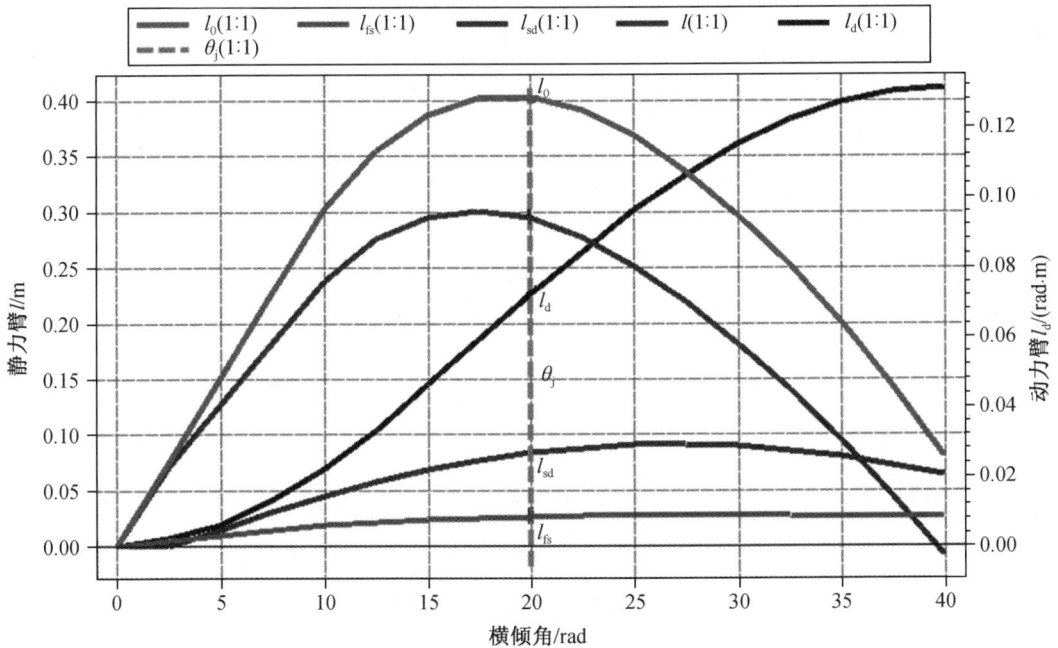

图 1 − 20　稳性力臂曲线

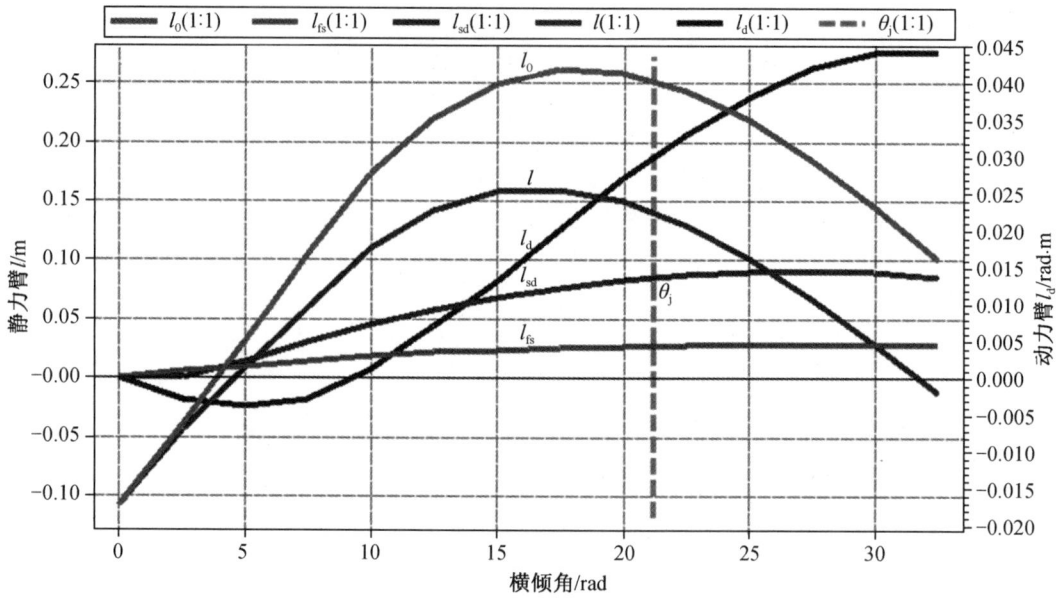

图 1 – 21　稳性力臂曲线（破损）

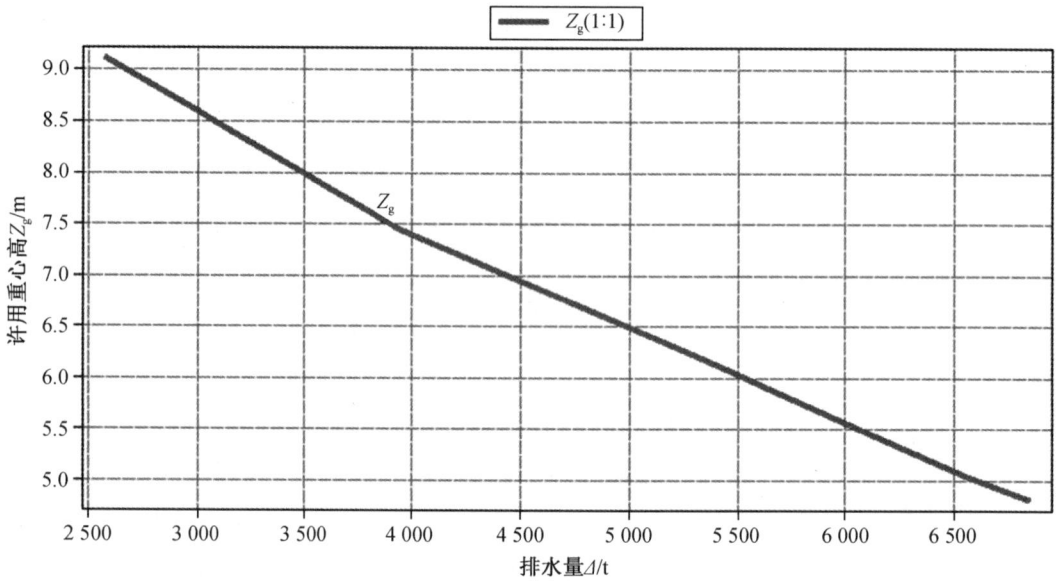

图 1 – 22　许用重心高度曲线

第 2 章　软件基础认识

2.1　概　　述

COMPASS – Inland 2016 稳性校核模块为船舶设计师提供了船壳与舱室三维建模的计算机工具,在三维模型的基础上设计师输入相关的船舶参数后,COMPASS 计算模块可分别完成船舶静水力、舱容曲线、完整稳性、破舱稳性、许用重心高度、倾斜试验等一系列静水力、稳性计算结果以及相应的规范衡准[4],为船舶设计与审图发证提供了可靠的计算依据。

2.2　版 权 信 息

2.2.1　软件版权

本软件系统由中国船级社武汉规范研究所研制开发,版权归其所有。

2.3　软 件 的 安 装 和 系 统 配 置

2.3.1　软件要求的系统配置

COMPASS 软件安装对于电脑及相关配置要求如下:
操作系统要求:WindowsXP/Windows7/Windows10
应用程序要求:Microsoft. NET Framework 4.0.30319
其他配置要求:内存 8 GB 以上,显示器分辨率 1 366 × 768 以上

2.3.2　软件安装

COMPASS 软件安装方法如下:
方法一:运行 Install. exe
方法二:运行 COMPASSi_Setup_Win64. exe(64 位操作系统)
运行 COMPASSi_Setup_Win32. exe(32 位操作系统)

2.3.3　软件注册

COMPASS 软件注册步骤:
(1)点击开始/程序菜单中"系统注册",将出现注册向导;
(2)根据向导的提示如实、完整填写用户信息,并在指定文件夹中生成信息文件 ∗. HID;
(3)将上述生成的用户信息文件 ∗. HID 发送至邮箱 zbchen@ ccs. org. cn;

（4）收到电子邮件回复的许可证文件＊.dat,将其保存至本地计算机;

（5）根据向导的提示指定获取的许可证文件＊.dat,完成注册。

2.3.4　注意事项

（1）调整本机系统时间与北京时间一致,否则将导致注册失败,以及出现其他使用问题。

（2）软件注册后,不能更换本地计算机的硬件设备,包括硬盘、主板、网卡、CPU,否则可能导致软件无法正常执行 Windows 32/64 位操作系统,建议使用 WindowsXP、Windows7。

2.4　COMPASS 界面介绍

2.4.1　工作界面

安装注册完成后,会在桌面自动生成 COMPASS iStrength 模块和 COMPASS iStability 模块启动图标,双击 COMPASS iStability 图标启动内河船舶性能计算系统,工作界面如图 2 – 1 所示。

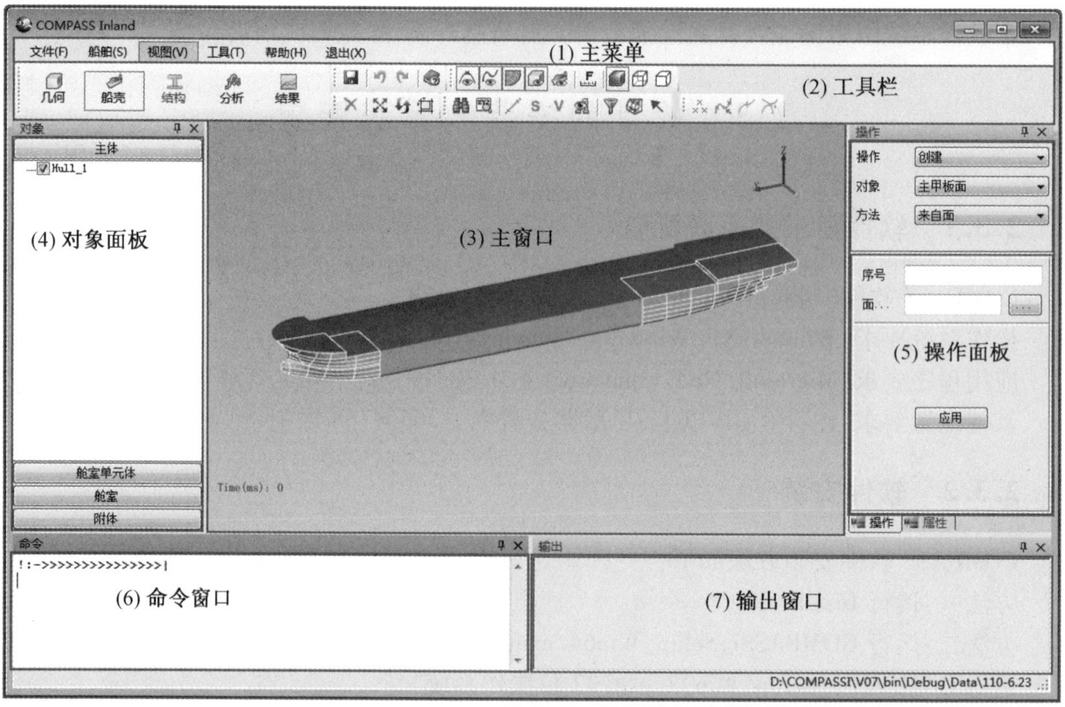

图 2 – 1　COMPASS 内河船舶性能计算系统工作界面

2.4.2　主窗口的组成

COMPASS 软件主窗口有 7 个主要区域:主菜单、工具栏、主窗口、对象面板、操作面板、命令窗口、输出窗口。

1. 主菜单栏

在主菜单栏中,包含了文件、船舶、视图、工具、帮助、退出6项操作菜单,下面依次介绍。

(1)文件。

文件菜单包括新建、打开、从自动备份恢复、保存、另存为、最近文件和退出命令,如图 2－2 所示。这些命令具有创建新文件、打开已有的文件、从备份中恢复之前文件、保存当前的数据、另存为新文件、记录最近打开的文件,以及退出本软件这些功能。有些命令按钮打开后会弹出相应的对话框。

(2)船舶。

船舶菜单包括工程信息、主要要素、船体标尺3个命令选项,如图 2－3 所示。每个命令按钮点开后会弹出相应的对话框,其中工程信息对话框如图 2－4 所示,在该对话框中填入最大船名等附加信息;主要要素对话框如图 2－5 所示,在该对话框中填入最大船长、船宽、型深等固有信息;船体标尺对话框如图 2－6 所示,在该对话框中填入船舶原点、肋位、站位等信息。

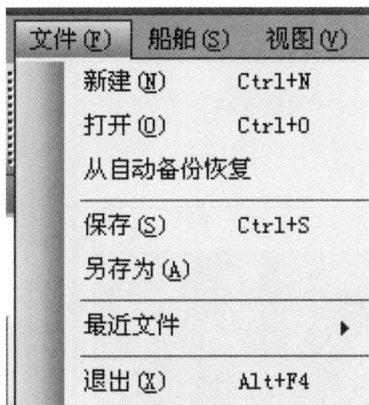

图 2－2　文件菜单

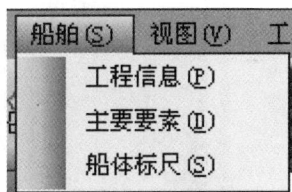

图 2－3　船舶菜单

图 2－4　工程信息对话框

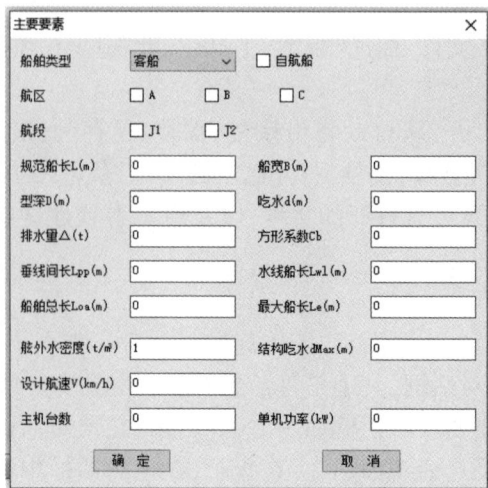

图2-5 主要要素对话框

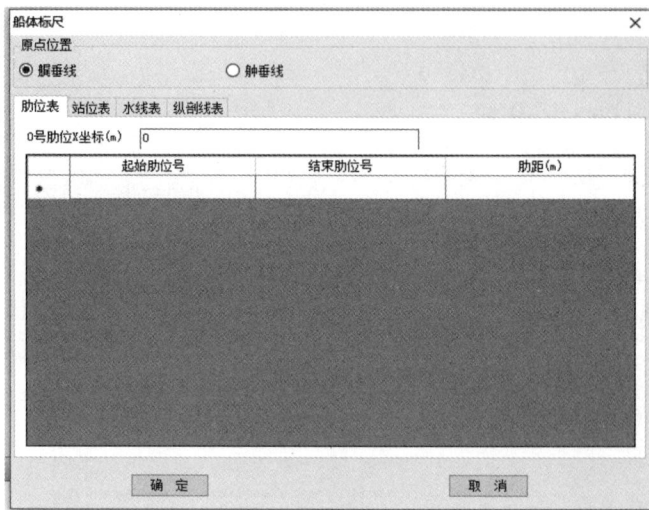

图2-6 船体标尺对话框

（3）视图。

视图菜单包括工具栏、状态栏、操作面板、属性面板、对象面板、命令窗口和输出窗口，如图2-7所示。

（4）工具。

工具菜单包括选项、型材计算器、撤销和重做4个命令选项，如图2-8所示。

选项打开后的对话框包含建模和系统设置两个子项，其中建模选项（图2-9）可以分别对建模精度、系统、几何模型、船壳模型的颜色显示自行选择或者自定义；系统设置选项（图2-10）设定是否自动保存，以及对自动保存时间间隔、保存路径进行一些修改。

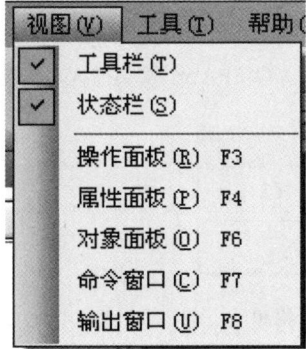

图 2-7 视图菜单　　　　图 2-8 工具菜单

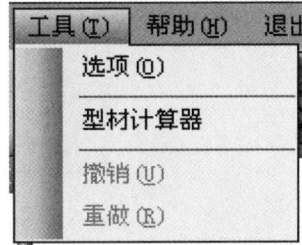

　　型材计算器命令可打开对话框(图 2-11),对一些型材的剖面积、剖面模数、惯性矩、回转半径等几何参数进行计算。

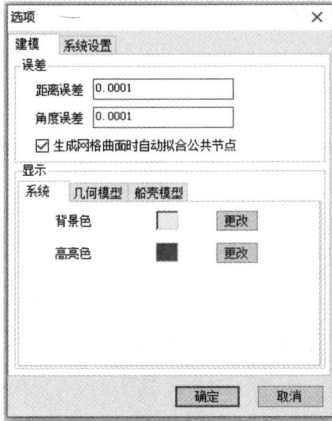

图 2-9 建模选项对话框　　　图 2-10 系统设置选项对话框

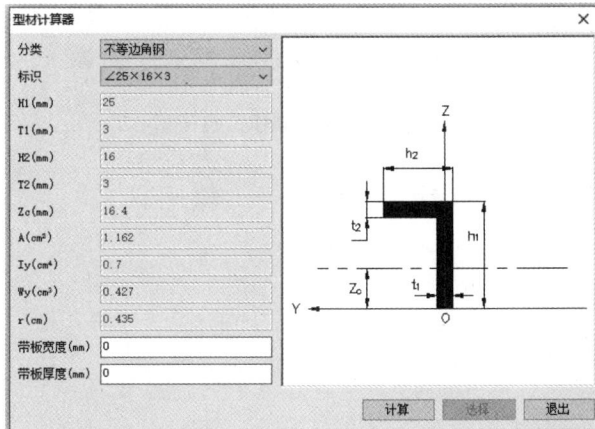

图 2-11 型材计算器对话框

（5）帮助。

帮助菜单包括查看帮助和关于命令选项,如图 2 − 12 所示。其中查看帮助命令可打开用户手册查找相关内容获取帮助;关于命令可查看 COMPASS 软件版本等相关信息。

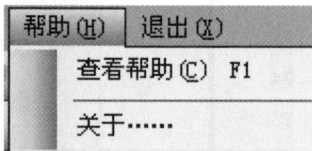

图 2 − 12　帮助菜单

（6）退出。

退出菜单命令可退出 COMPASS 软件。

2. 工具栏

工具栏分为两个子区,一个是模块子区,另一个是快捷操作工具子区。

（1）模块子区(图 2 − 13)。

图 2 − 13　模块子区

该区域包含了 4 个模块,即几何、船壳、分析和结果。

①几何:负责几何图元的设计,点、线、面和体。

②船壳:负责船壳图元的设计,主船体、舱室单元体、舱室、附体等。

③分析:负责静水力、完整稳性等计算模块的创建,并完成计算。

④结果:负责计算结果的读入、查看及输出。

（2）快捷操作工具子区(图 2 − 14)。

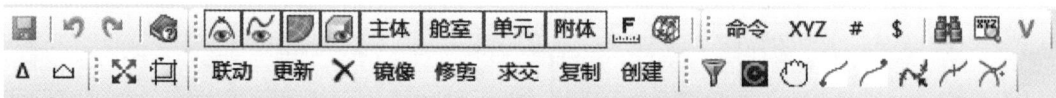

图 2 − 14　快捷操作工具子区

该区域包含各项快捷操作命令按钮,下面逐一介绍:

①保存 ：保存当前的模型数据。

②撤销 ：撤销当前的操作。

③重做 ：恢复撤销的操作。

④帮助 ：弹出帮助文档。

⑤显示\隐藏点 ：点显示的控制按键。

⑥显示\隐藏线 ：线显示的控制按键。

⑦显示\隐藏面 ▨：面显示的控制按键。

⑧显示\隐藏体 ▨：体显示的控制按键。

⑨显示\隐藏主体 **主体**：主体显示的控制按键。

⑩显示\隐藏舱室 **舱室**：舱室显示的控制按键。

⑪显示\隐藏单元 **单元**：单元显示的控制按键。

⑫显示\隐藏附体 **附体**：附体显示的控制按键。

⑬显示\隐藏肋位标尺 ▨：肋位标尺显示的控制按键。

⑭隐藏指定图元 ▨：指定图元隐藏的控制按键。

⑮显示图元命令 **命令**：显示所有图元的控制按键。

⑯显示曲线/点图元的节点坐标 **XYZ**：曲线或点图元的节点坐标显示的控制按键。

⑰显示曲线肋位点坐标 **#**：曲线肋位点坐标显示的控制按键。

⑱显示曲线站位点坐标 **$**：曲线站位点坐标显示的控制按键。

⑲查找图元 ▨。

⑳查询坐标 **XYZ**。

㉑查询体积 **V**。

㉒查询排水量、横稳心等浮性参数 **△**。

㉓散装堆货计算查询 ▨。

㉔视图自适应 ▨：使图形自适应图形区大小。

㉕区域显示 ▨：指定框选区域的放大。

㉖联动 **联动**：修改对象时，与之关联的对象是否自动更新。该功能目前仅支持点和线的联动更新。

㉗更新 **更新**：重新解析图元命令并生成图元对象。

㉘删除当前图元 **✕**：选中图元，点击此按钮，即可删除图元。

㉙镜像 **镜像**。

㉚修剪 **修剪**。

㉛求交 **求交**。

㉜复制 **复制**。

㉝创建 **创建**。

㉞筛选图元 🔻:指定可拾取的、可指定的图元类型。

㉟图形增量拾取 🔄:图形增量拾取开关按键。

㊱拾取图元 🖐:图元拾取开关按键。

㊲捕捉曲线的首端点 ⟍。

㊳捕捉曲线的尾端点 ⟋。

㊴捕捉曲线的节点 ⤧。

㊵捕捉曲线的任意点 ⤫。

㊶捕捉两线的交点 ⤬。

2.4.3　主窗口(图形区域)

该区域主要用于显示船体的点、线、面、体等,如图2-15所示。在该区域内鼠标可进行快捷操作,具体操作如下:鼠标中键按住移动可控制移动视图;鼠标中键上下滚动可缩放视图;鼠标右键按住移动可旋转视图。

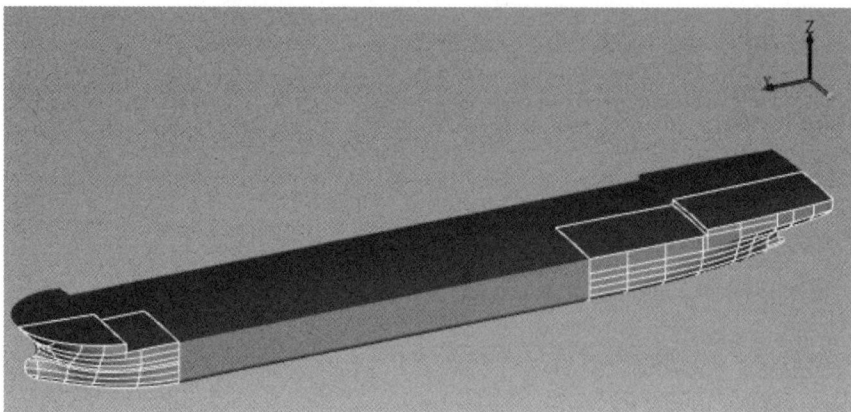

图2-15　主窗口

2.4.4　对象面板、操作面板与属性面板

1.对象面板

对象面板显示已有模型的对象树(图2-16),在这里可以更改对象名称、显示/隐藏对象图形、复制并修改对象名称。

对象树有几何、船壳、分析、结果4个模块,每个模块下又分不同的图元,可对这些图元进行相应的操作,见表2-1。

2.操作面板

操作面板(图2-17)可对点、线、面、体各对象进行创建,创建方法有两种——基于 *XYZ* 坐标法和单向投影法。

输入名称后,点开坐标右侧按钮,会弹出点坐标编辑对话框,如图2-18所示。在创建线对象时可以在此输入曲线的各控制点的坐标。

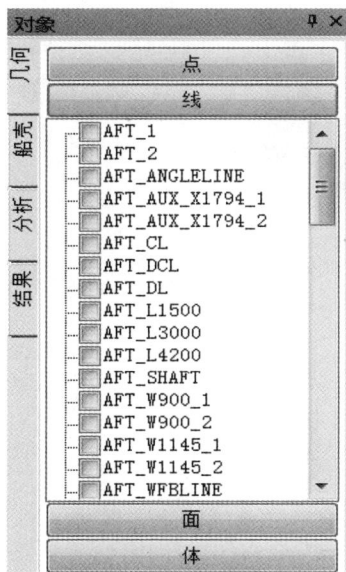

图 2-16　对象面板　　　　　图 2-17　操作面板

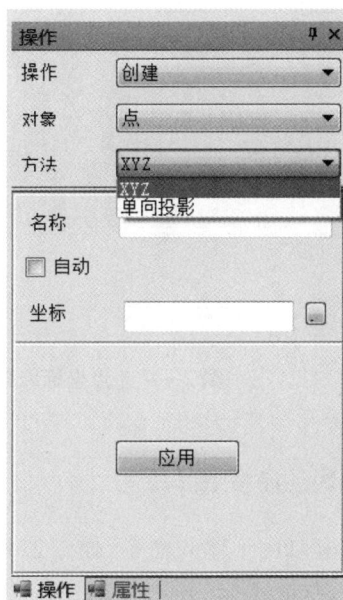

表 2-1　对象树的组成及其操作

模块	图元	操作
几何	点	创建/复制/镜像
	线	创建/复制/镜像/剪切/拼接
	面	创建/复制/镜像/拼接/拆分/剪切/求交
	体	创建/复制/镜像/剪切
船壳	主体	创建/复制/镜像
	单元体	创建/复制/镜像
	舱室	创建/复制/镜像
	附体	创建/复制/镜像
分析	船舶稳性	创建
结果	船舶稳性	读入/输出,静水力、邦金曲线、舱容曲线、完整稳性、许用重心、破损稳性

3.属性面板

属性面板(图2-19)可直接修改已有对象的属性,该面板的启用须在选中对象(点、线、面或体)的前提下进行。

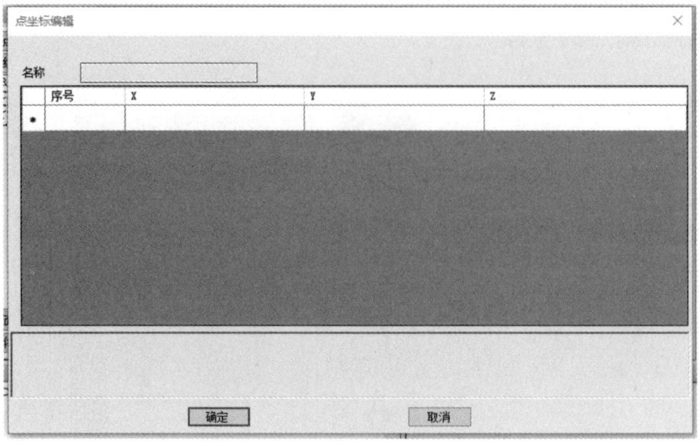

图2-18　点坐标编辑对话框

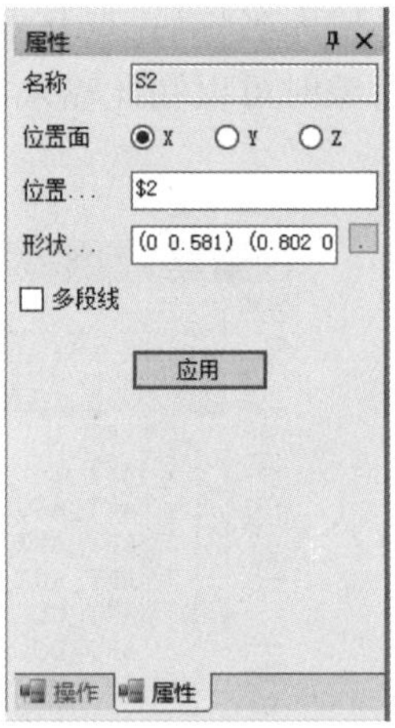

图2-19　属性面板

2.4.5　命令窗口

命令窗口用于输入命令,如图2-20所示,通常位于主屏幕的左下方区域。具体操作方法为:输入对应操作的命令,然后用"OK"+回车键执行(也可以用鼠标中键点击或者 Ctrl +回车)。

图2-20　命令窗口

其中!: - ＞＞＞＞＞＞＞＞＞＞＞＞＞＞＞＞＞|是命令提示行;! 开头的为注释行,不执行。

2.4.6　输出窗口

输出窗口是程序执行命令后,显示该命令执行结果的反馈区域,便于操作者了解程序执行的实时状况。该窗口通常位于主屏幕的右下方区域,如图2-21所示。

图 2 - 21　输出窗口

2.5　文件的基本操作

2.5.1　新建文件

在"文件"菜单中点击"新建"命令可新建文件，开始新的建模与计算工作。如图 2 - 22 所示。

2.5.2　打开文件

在"文件"菜单中点击"打开"命令，会弹出打开对话框，默认打开的地址为安装软件时设置的文件数据保存路径，也可自己浏览电脑选择文件，点击想要打开的文件，再点击右下方的"打开"按钮，即可打开所选定的文件及其对应的模型和数据，或者直接双击想要打开的文件，如图 2 - 23 所示。

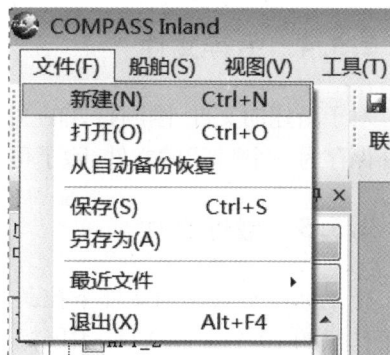

图 2 - 22　文件菜单

图 2 - 23　打开文件菜单

2.5.3　保存文件

新建的文件在第一次保存时会弹出"保存"对话框,选择保存的路径并输入文件名称后进行保存,之后的每次保存都会默认覆盖第一次保存的文件数据。

保存文件时,会产生 4 个扩展名分别为.csx、.ocm、.lst 和.rst 的文件。其中 csx 文件保存了建模的对象形式和计算填写数据;ocm 文件保存了模型的显示数据;lst 文件保存了建模命令。

为了防止 csx 文件和 ocm 文件保存出错导致文件损坏,在保存文件时会对 csx 文件和 ocm 文件进行备份,分别保存为.csx.bak、.ocm.bak 文件。如果 csx 文件损坏,将无法打开文件,此时可先关闭程序,将 csx 文件删除,将扩展名为.csx.bak 的文件改为.csx,再重新打开文件。如果 ocm 文件出错,打开文件后可以在左边的对象树看到所创建的对象名,但图形无法显示,此时可先关闭程序,将 ocm 文件删除,将扩展名为.ocm.bak 的文件改为.ocm,再重新打开文件。

2.5.4　另存文件

对于新建的文件、刚刚打开的文件或者是修改后的文件,都可以用"另存为"命令把这些文件保存为一个"新"的文件,除了可以重新命名文件以外,还可以修改保存的文件夹路径。

2.5.5　最近文件

把鼠标箭头移动到文件下拉菜单对应的"最近文件"时,会自动弹出 COMPASS 程序最近工作过的 10 个文件项目,用鼠标点击想要打开的文件,就可以很便捷地打开该工作项目,如图 2-24 所示。

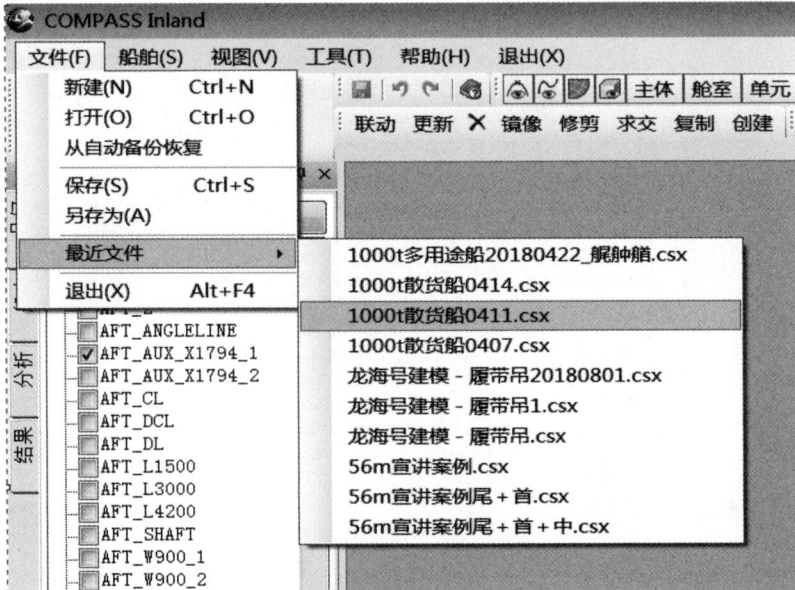

图 2-24　最近文件菜单

2.5.6 帮助命令

COMPASS 程序随机附带了帮助文件,单击主菜单区的"帮助"命令,可以弹出两个子菜单,点击"查看帮助 F1",可以查看 PDF 版本的用户手册;点击"关于……",可以查看安装软件的版本、用户类型、序列号等信息,如图 2 - 25 所示。

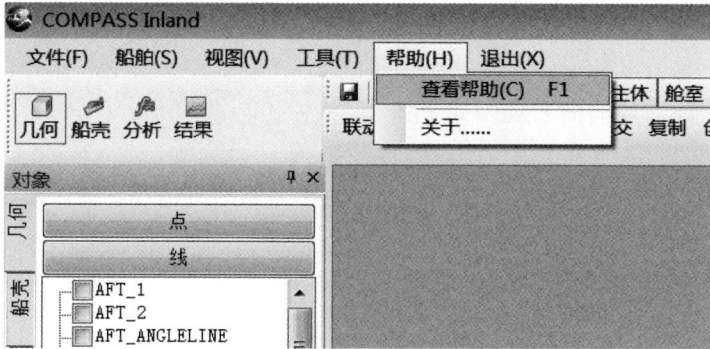

图 2 - 25 帮助命令菜单

2.5.7 退出 COMPASS

退出 COMPASS 操作有以下 3 种方法:
(1)单击主菜单区最右边的"退出"命令。
(2)键盘按 Alt + F4 组合键。
(3)单击主菜单区"文件"下拉菜单中的"退出"命令。

第 3 章　COMPASS 初始环境设置

3.1　建模对象的命名规则

COMPASS 建模对象的命名规则如下：

（1）不区分大小写。

（2）对象名称首符号只能是英文字母，其他符号可以是英文字母、数字、小数点、下画线、减号的组合。

（3）建议的对象名称见表 3 - 1。

表 3 - 1　对象名称示例

站线	S6：6 号站线；S6_1：6 号站线第一段；S0_2：0 号站线第二段
肋骨线	F6：6 号肋骨线；F6_1：6 号肋骨线第一段；F0_2：0 号肋骨线第二段
水线	WL1000_Aft：1000 水线的尾段；WL2000_Bow：2000 水线的首段；BL_Mid：基线中段
纵向线	DeckLine_Aft：艉部甲板边线；Sheer_Mid：中部甲板中心线（脊弧线）；CL_Bow：船底中纵剖线；Camber17：17 号（站位/肋位）梁拱线
型表面	Shell_Aft：艉部外板；Deck_Mid：中部甲板
舱室	Tank×××：×××液舱；Room×××：×××舱

3.2　船舶信息

3.2.1　工程信息

新建一个文件后，开始对船舶建模之前，首先要在船舶菜单中建立工程信息，如图 3 - 1 所示。

其中名称必须填，控制编号、设计单位、所有者和计算签名可根据自己需要填写，计算日期默认为当天日期。

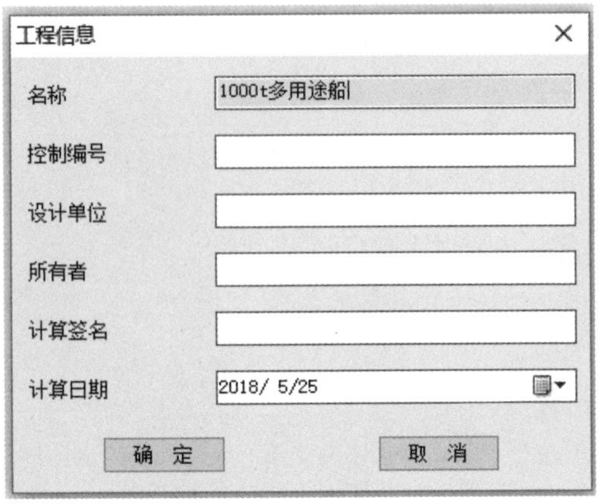

图 3 - 1　工程信息

3.2.2　要素

船舶菜单的第二项为输入船舶的一个要素，如图 3 - 2 所示。其中船舶类型为下拉菜单，可供选择的类型有客船、货船、趸船、工程船、推拖船、浮船坞、散货船、集装箱船、油船等。

图 3-2　主要要素

内河船舶航行区域按规范划分为 A、B、C 三级，其中某些水域依据水流湍急情况，又划分为急流航段，即 J 级航段。图 3-2 中的航区、航段及船舶的要素按船舶实际情况填写，如果是自航船，则勾选"自航船"选项。

3.2.3　船体标尺

船舶菜单第三项为船体标尺的确定，如图 3-3 所示。船体标尺中包括确定船体的坐标原点、建立肋位表、站位表、水线表及纵剖线表。

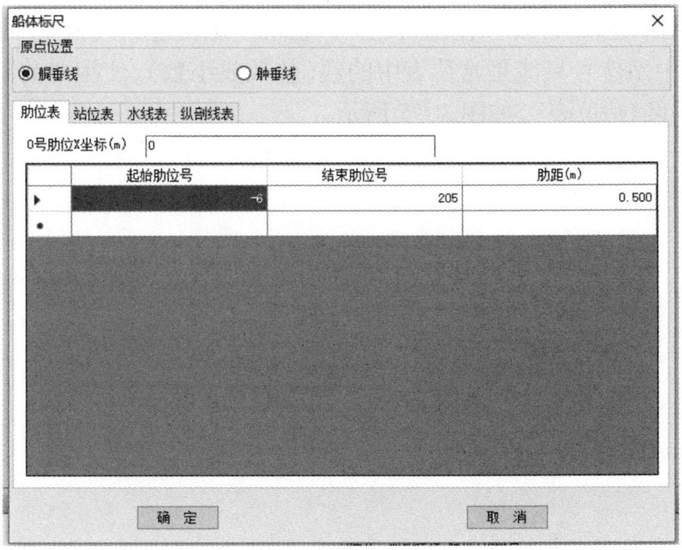

图 3-3　船体标尺

3.3 坐 标 系 统

3.3.1 船体坐标系

COMPASS 软件中用到的船体坐标系为直角正交坐标系,其坐标原点、X 轴、Y 轴和 Z 轴的定义如下:

原点:艉垂线或船中,用户自定义,默认艉垂线。

X 轴:船长方向,指向船首为正。

Y 轴:船宽方向,指向左舷为正。

Z 轴:型深方向,指向上方为正。

3.3.2 肋位坐标

肋位坐标可用于建模、计算和输出,代替 X 坐标。其表达形式为#5 + 100,表示 5 号肋位 + 100 mm。其中肋位号只能为整数,使用之前要先初始化设置"型线标尺/肋位表",如图 3 - 3 所示。对于变肋距的船舶型线,肋位定义时也可以分段定义不同的肋距。

设置完成后,点击菜单栏快捷键 ，可在窗口中显示图形标尺,如图 3 - 4 所示。

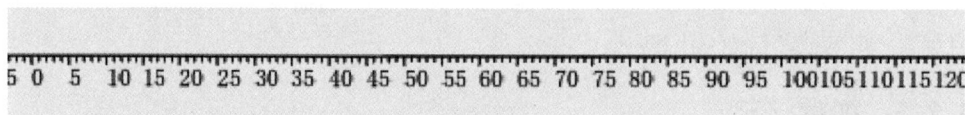

图 3 - 4　肋位标尺

3.3.3 站位坐标

站位坐标可用于建模、计算和输出,代替 X 坐标。其表达形式为 \$5 + 100,表示 5 号站位 + 100 mm。其中站位号只能是站位表中的数(整数或小数),使用之前要先按右键进行初始化设置"型线标尺/站位表",如图 3 - 5 所示。

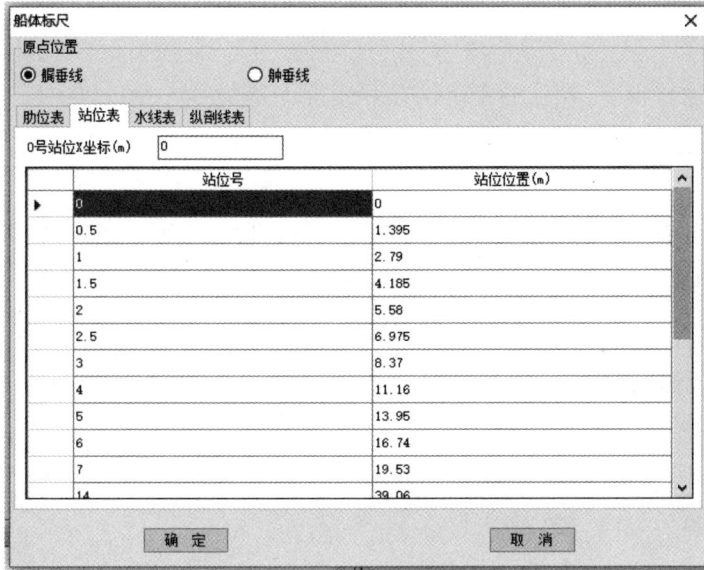

图3-5 站位坐标

3.4 系 统 设 置

工具菜单中还可对船舶建模的精度、显示和系统设置进行调整更改。打开选项命令，会弹出选项对话框，如图3-6所示。

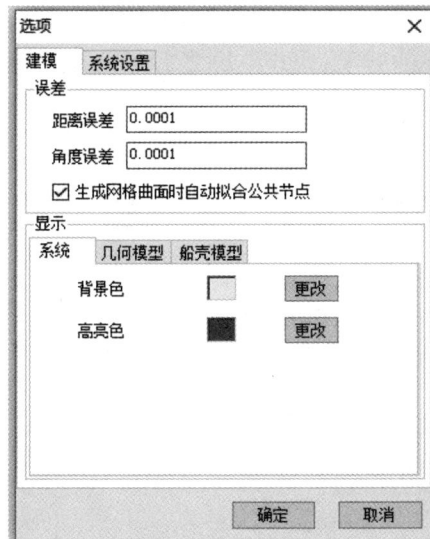

图3-6 选项对话框

3.4.1　建模精度

建模部分可设置误差,默认的距离误差和角度误差精度均为 0.000 1。

3.4.2　显示设置

显示设置部分有 3 个选项:系统颜色、几何模型和船壳模型。系统选项分为背景色和高亮色,可点击按钮进行修改。几何模型和船壳模型的设置如图 3-7 和图 3-8 所示。

图 3-7　几何模型显示设置

图 3-8　船壳模型显示设置

3.4.3　对象同名规则设置

如图 3-9 所示,当创建新的图元或修改图元名称时,如新名称已经存在,则触发该规则。默认规则是"实时询问",表示如果当前命令创建的对象的名称在已创建的对象中已存在时,弹出弹框询问是否覆盖,新手用户可选择这种规则。"更新对象"规则表示不弹出弹框,直接创建对象替换已存在的对象,用户熟练之后可选择这种规则,避免修改对象时频繁点弹框。

图 3-9　系统设置

第4章　几何建模基础操作

COMPASS 中对船体进行三维建模,一方面使设计者及审图人员能用可视化手段对设计模型的符合性进行直观的检查;另一方面相较于二维剖面模型也能更准确地描述船体设计模型,提高后续稳性计算的精度。

4.1　点　的　操　作

4.1.1　点的创建

创建点除了通过最简单的输入坐标以外,还可以通过单项投影等方式进行创建。实际建模过程中,除了甲板首端点等关键控制点以外(它往往是三条及以上曲线的交点),一般很少直接创建点图元,创建点图元的目的一般也是为曲线的创建做准备。

1. XYZ 坐标法

XYZ 坐标法即直接输入点的三维坐标。

在工具栏依次点击"几何"→"创建"按钮,然后在右侧"操作"窗口依次选择对象[点]、方法[XYZ],在名称栏键入新点名称[p1](只要符合命名规则,就可以任意命名),在坐标栏输入坐标值,如(2.93 1.5 2.54),如图 4 – 1 所示。输入完成后,勾选"自动执行"复选框或者点击"应用",完成创建。

另外,也可以点击"..."按钮(图 4 – 1 坐标长方框右边的方框),弹出"点坐标编辑器",通过该窗口进行点的信息的输入或修改,如图 4 – 2 所示。

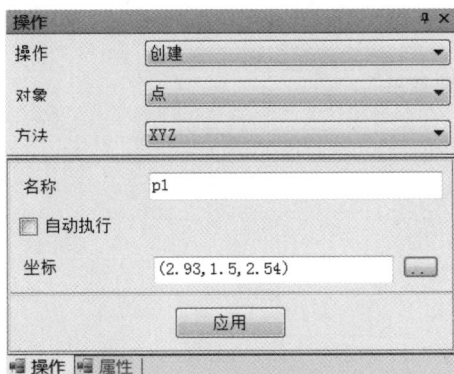

图 4 – 1　XYZ 坐标法创建点

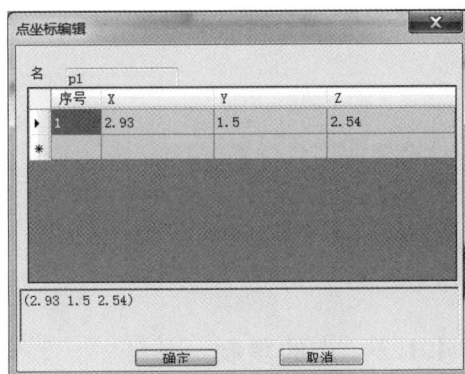

图 4 – 2　点坐标编辑器

此命令使用命令流如下:

POINT p1

LOC (2.93 1.5 2.54)

2. 单向投影法

单向投影法即先确定新点所在的平面,然后在平面中指定其位置。

在工具栏依次点击"几何"→"创建"按钮,然后在右侧"操作"窗口依次选择对象[点]、方法[单向投影],在名称栏键入新点名称[p2]。紧接着下方就是位置面X、Y、Z 三个选项。所谓位置面就是指该点所在的平面,如某一横剖面、某一水线面或者某一纵剖面,只能选定一个。如绘制3.0 m 水线面上的某一点,即可选择[Z],在面坐标中给出高度值3.0,这样在形状坐标序列栏中

图4-3 单向投影法创建点

只需给出这个点的(X Y)坐标值即可,如(2.93 1.5),输入方法如图4-3 所示,点击"应用",完成创建,如图4-4 所示。

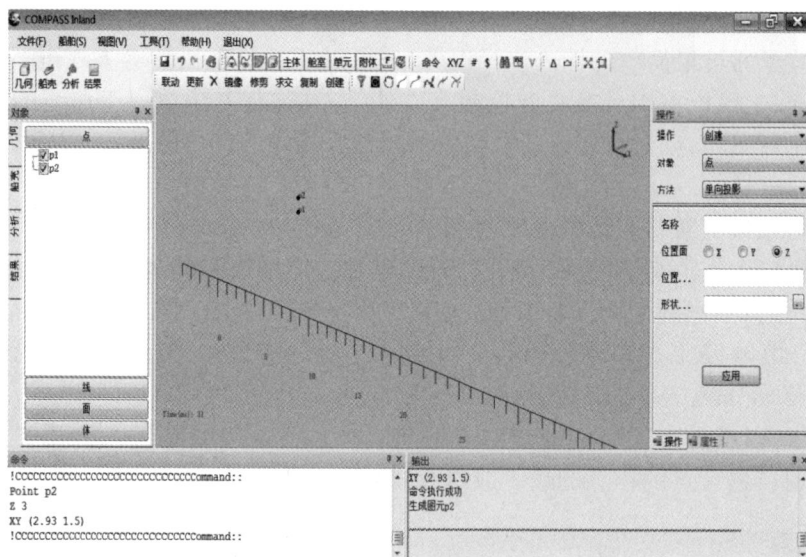

图4-4 点的创建结果

此命令使用命令流如下:

POINT p2

Z 3

XY(2.93 1.5)

4.1.2 点的复制

在工具栏依次点击"几何"→"复制"按钮,然后在右侧"操作"窗口选择[点]或[任意类型图元],名称栏键入新点名称[p21](注意此处名字不支持汉字),源图元名称指定要复制的点的名称(可键入或用鼠标从图形窗口拾取或从对象树窗口点选),偏移量栏输入新点相对于源点的位置偏移量(dX dY dZ)(图4-5),源点p1,偏移量(4 0 0),点击"应用",完成复制,执行结果如图4-6 所示。

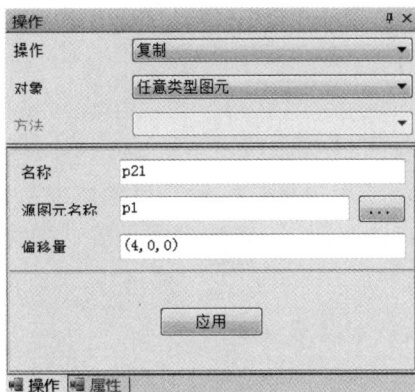

图 4-5   点的复制

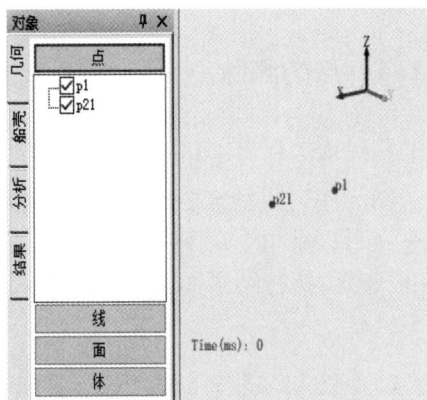

图 4-6   点的复制执行结果

此命令使用命令流如下：

COPY p21

SOURCE p1

OFFSET（4 0 0）

4.1.3   点的镜像

镜像是对已形成的点进行镜像,从而形成新的点,镜像面为船体纵剖面,默认为船体纵中剖面。

在工具栏依次点击"几何"→"镜像"按钮,然后在右侧"操作"窗口选择[点]或[任意类型图元],名称栏键入新点名称[p31]（只要满足命名规则,就可任意取名,缺省时系统将自动给它命名为[源图元名称_m],本例中如缺省则默认为[p1_m]）,源图元序列栏指定需要镜像的点图元的名称[p1]（可键入或用鼠标从图形窗口拾取或从对象树窗口点选）,镜像面位置 Y 栏键入镜像面的 Y 坐标值（缺省为 0）。点击"应用",完成镜像,如图 4-7 所示。

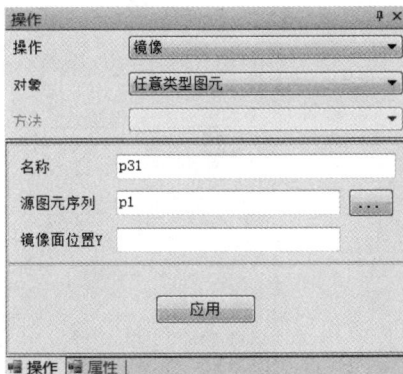

图 4-7   点的镜像

此命令使用命令流如下：

MIRROR p31

SOURCE p1

4.1.4 点的删除

在工具栏依次点击"几何"→ ✕ 按钮,然后在右侧"操作"窗口选择[点]或[任意类型图元],源图元序列栏指定要删除的点的名称(可键入或用鼠标从图形窗口拾取或从对象树窗口点选),可以是单个(图4-8),也可以是多个,点击"应用",会出现提示确认弹窗,点击确定,完成删除,执行结果如图4-9所示。

图4-8 点的删除

图4-9 点的删除执行结果

此命令使用命令流如下:
DELETE p1

4.1.5 点的编辑

点的编辑用于对点位置的修改。首先用鼠标选择该点图元(图形窗口或对象树),然后在右边工作区中选择"属性",在坐标栏修改点的坐标(图4-10),此操作也可在坐标编辑器中完成(点击"..."按钮),如图4-11所示。修改坐标之后点击"应用"。

4-10 点的编辑主操作窗口

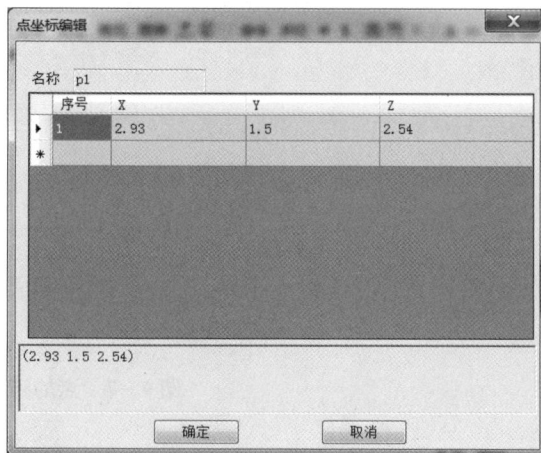

4-11 点的坐标编辑器

此命令使用命令流如下：

POINT p1

LOC（0 8 1.564）

4.2 线 的 操 作

4.2.1 线的创建

线的创建相对来说比较复杂，方法也比点要多，每种方法针对不同类型的曲线，熟练掌握可以大大加快建模速度。

1. XYZ 坐标法

XYZ 坐标法是最直接的曲线创建方式，可以直接输入组成曲线的节点坐标，也可选取已经存在的点图元，甚至可以是已经创建的曲线上的指定点或曲线与曲线的交点（关于指定点及交点问题将在第 10 章"高级应用"向大家展示），曲线的形成是以节点的输入顺序顺次连接的。

具体操作时，在工具栏依次点击"几何"→"创建"按钮，然后在右侧"操作"窗口依次选择对象[线]、方式[XYZ]，名称栏键入新线的名称[c1]（注意此处名称不支持汉字），节点序列处输入新曲线上的节点，可以是已存在的点图元名称，也可以是点坐标（此时需要 X、Y、Z 三个方向的数据）（图 4 – 12），此操作也可在点的编辑器中完成（点击"..."按钮弹出，如图 4 – 13 所示）。点击"应用"，完成创建。

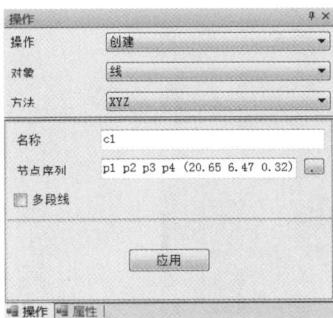

图 4 – 12　XYZ 坐标法创建线

图 4 – 13　XYZ 曲线坐标点编辑器

在本例中，p1、p2、p3、p4 为事先创建的点，而（20.65 6.47 0.32）则是新曲线上的节点坐标。此操作形成命令流如下：

CURVE c1

XYZ p1 p2 p3 p4（20.65 6.47 0.32）

2. 单向投影法

单向投影法也叫平面曲线法，从名字可以看出此法做出的曲线在某一平面内，即为平面曲线。此方法创建曲线时，点可以输入坐标，也可以选取事先所创建的点，甚至可以只是一个表达式，曲线的形成是以节点的输入顺序顺次连接的，但前提是这些点必须在同一平面内,也就是说我们可以用这种方法创建站线、水线、纵剖线等平面曲线,但不可以创建甲板边线、外板边线等空间曲线。

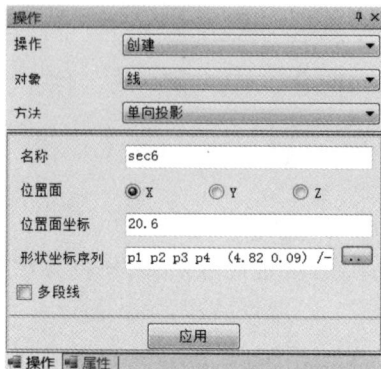

图4-14 单向投影法创建曲线

具体操作时,在工具栏依次点击"几何"→"创建"按钮,然后在右侧"操作"窗口依次选择对象[线]、方法[单向投影],在名称栏中键入新线的名称[sec6](注意此处名称不支持汉字),位置面指定要创建的曲线所在的平面,例如要创建第6号站线,则应点选[X],接下来在位置面坐标中输入新曲线所在平面的 X 坐标,此处假定为20.6,形状坐标序列中输入曲线上的节点,可以是已存在的点图元名称,也可以是点坐标(此时只需要两个方向的数据,本例中为 Y、Z),如图4-15所示。点击"应用",完成创建。

图4-15 单向投影法曲线坐标点的编辑器

本例中,p1、p2、p3、p4为事先创建的点,而(20.65 7.8 4.05)则是新曲线上的节点 Y、Z 坐标。此操作形成命令流如下:

CURVE sec6

X 20.6

YZ p1 p2 p3 p4 (4.82 0.09)/-(5.48 0.33)(5.96 0.60)(6.29 0.87)(6.56

1.20）（6.83 1.80）（6.97 2.40）（7.09 2.90）（7.24 3.33）（7.38 3.60）（7.80 4.04）／－
（7.80 4.30）

以此方法我们也可以做出水线、纵剖线等。

3.椭圆弧

椭圆弧用来创建模型中的圆弧,如梁拱、轴出口等。创建圆弧有3种方法,分别是半径法、梁拱法、三点法。下面分别进行演示。

（1）半径法。

此命令主要用于模型中圆弧的创建(如艉轴端面),也可以用于创建甲板梁拱。

具体操作时,在工具栏依次点击"几何"→"创建"按钮,然后在右侧"操作"窗口依次选择对象[线]、方法[椭圆弧],在名称栏中输入新线的名称[yh1](注意此处名称不支持汉字),生成方式选择[半径],假定创建的圆弧在横剖面上,则位置面点选[X],位置坐标输入X坐标,圆心坐标指定圆心的位置坐标($Y Z$),半径栏输入椭圆的两个轴向半径($r1 r2$),本例中分别为Y轴和Z轴半径,角度栏输入椭圆弧的起止角度区间[$a b$],如果$a>b$,则表示反向,如图4-16所示。点击"应用",完成创建。

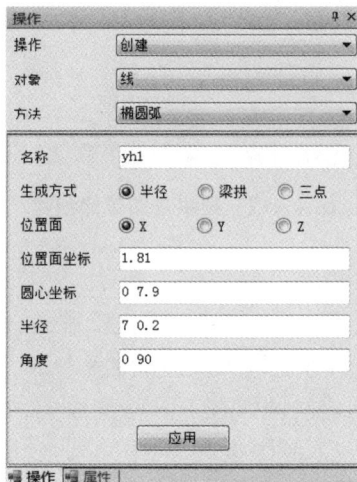

图4-16　半径法圆弧的创建

此命令形成命令流如下:

ELLIPSE yh1

X 1.81

CENTER（0 7.9）

R 7 0.2

ANGLE 0 90

（2）梁拱法。

此命令主要用于甲板梁拱的创建。

具体操作时,在工具栏依次点击"几何"→"创建"按钮,然后在右侧"操作"窗口依次选择对象[线]、方法[椭圆弧],在名称栏输入新线的名称[yh2](注意此处名称不支持汉字),生成方式选择[梁拱],甲板边点DP输入坐标($X Y Z$),也可采用引用表达(如本例中sec0.5/N=-1),"B"为梁拱参考宽度,"f"为梁拱参考高度(可正可负,负数表示下凹),甲板中心 Yc 可空,如图 4 - 17 所示。"全甲板梁"复选框若勾选,表示创建全梁拱。

此命令形成命令流如下:

ELLIPSE yh2

DP sec0.5/N = -1

BfY 15.6 0.17

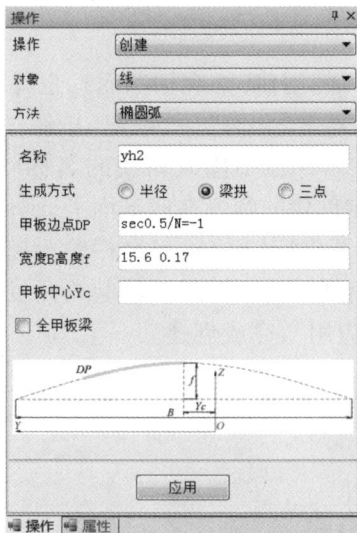

图 4 - 17 梁拱法圆弧的创建

(3)三点法。

具体操作中,在工具栏依次点击"几何"→"创建"按钮,然后在右侧"操作"窗口依次选择对象[线]、方法[椭圆弧],在名称栏输入新线的名称[yh3](注意此处名称不支持汉字),生成方式选择[三点],假定要创建的圆弧在 1 号站剖面上,则位置面选择[X],位置面坐标输入站号坐标[$1],三点坐标输入圆弧上起点、中间某点、终点的位置坐标,如图 4 - 18 所示。点击"应用",完成创建。

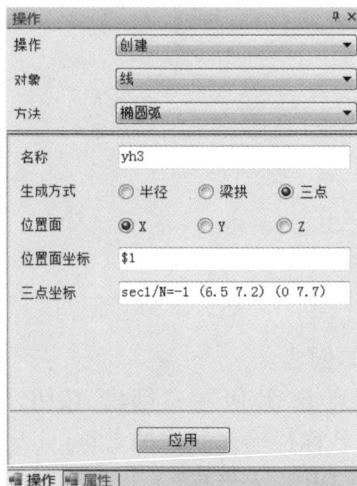

图 4 - 18 三点法圆弧的创建

此命令形成命令流如下：

ELLIPSE yh3

X　$1

LOC sec1/N＝－1（6.5 7.2）（0 7.7）

4. 抛物线

抛物线一般用来创建梁拱、轴出口等。创建抛物线有两种方法，分别是三点和梁拱。下面分别进行演示。

（1）三点抛物线法。

具体操作中，在工具栏依次点击"几何"→"创建"按钮，然后在右侧"操作"窗口依次选择对象［线］、方法［抛物线］，在名称栏输入新线的名称［pwx1］（注意此处名称不支持汉字），生成方式选择［三点］，假定需要创建的抛物线在0.5站横剖面上，则位置面选择［X］，位置面坐标输入站号坐标［$0.5］，三点坐标输入抛物线的起点、中间某点、终点的位置坐标，如图4－19所示。点击"应用"，完成创建。

此命令形成命令流如下：

PARABOLA pwx1

X　$0.5

LOC sec0.5/N＝－1（6.5 7.2）（0 7.5）

（2）梁拱抛物线法。

此命令主要用于甲板梁拱的创建。

具体操作时，在工具栏依次点击"几何"→"创建"按钮，然后在右侧"操作"窗口依次选择对象［线］、方法［抛物线］，在名称栏输入新线的名称［pwx2］（注意此处名称不支持汉字），生成方式选择［梁拱］，甲板边点DP输入坐标（X Y Z），也可采用引用表达（如本例中sec0.5/N＝－1），"B"为梁拱参考宽度，"f"为梁拱参考高度（可正可负，负数表示下凹），甲板中心 Yc 可空，如图4－20所示。"全甲板梁"复选框若勾选，表示创建全梁拱。

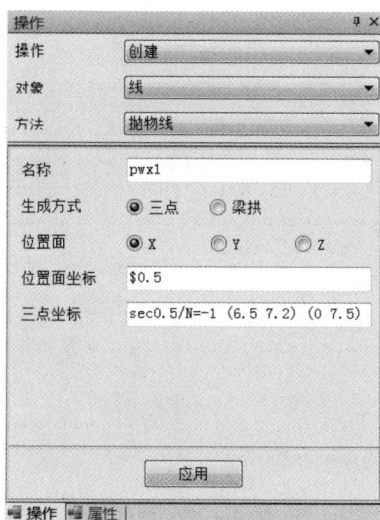

图4－19　三点抛物线法

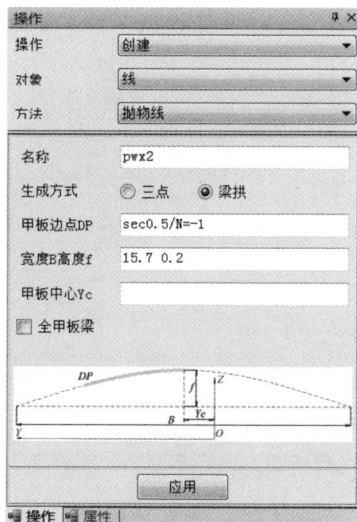

图4－20　梁拱抛物线法

此命令形成命令流如下：

PARABOLA pwx2

DP sec0.5/N = −1

BfY 15.7 0.2

4.2.2 线的复制

在工具栏依次点击"几何"→"复制"按钮，然后在右侧"操作"窗口选择[线]或[任意类型图元]，名称栏键入新线的名称[lg2]（注意此处名称不支持汉字），源图元名称指定要复制的线的名称（可键入或用鼠标从图形窗口拾取或从对象树窗口点选），偏移量栏输入新曲线相对于源曲线的位置偏移量(dX dY dZ)，如图4−21所示，源线lg1，偏移量(5 0 0)。点击"应用"，完成复制。

此命令使用命令流如下：

COPY lg2

SOURCE lg1

OFFSET (5 0 0)

4.2.3 线的镜像

镜像是对已形成的线进行镜像，从而形成新的线，镜像面为船体纵剖面，默认为船体纵中剖面。

在工具栏依次点击"几何"→"镜像"按钮，然后在右侧"操作"窗口选择[线]或[任意类型图元]，名称栏键入新线的名称[sec11]（只要满足命名规则，可任意取名，缺省时系统将自动给它命名为[源图元名称_m]，本例中如缺省则默认为[sec10_m]），源图元序列栏指定需要镜像的线图元名称[sec10]（可键入或用鼠标从图形窗口拾取或从对象树窗口点选），镜像面位置Y栏键入镜像面的Y坐标值（缺省为0），如图4−22所示。点击"应用"，完成镜像。

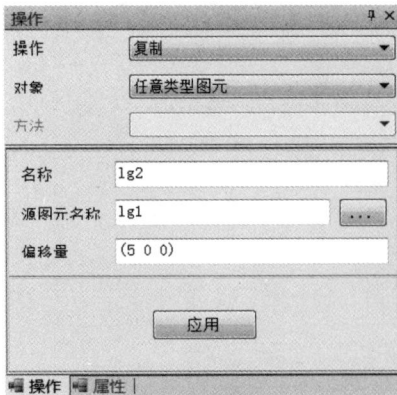

图4−21　线的复制　　　　　　　　　　图4−22　线的镜像

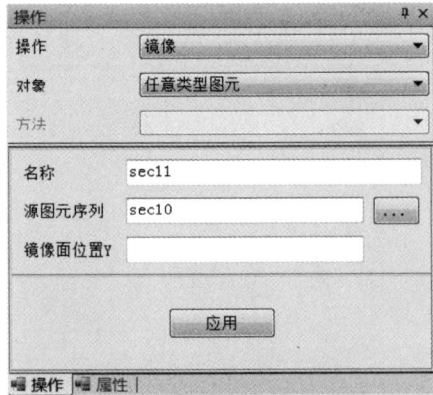

此命令形成命令流如下：
MIRROR sec11
SOURCE sec10

4.2.4 线的修剪

线的修剪用来以某点为分割点对曲线进行剪切，可以自主选择保留部分。

在工具栏依次点击"几何"→"修剪"按钮，然后在右侧"操作"窗口选择对象［线］，名称栏键入新曲线的名称，源线为要修剪的线的名称，分割点为被修剪线的分割点，保留点为修剪后新线在源线的保留部分所在的点，如图4-23所示。例如，将曲线jbzx0-5在曲线lg4的末端点进行修剪，新曲线jbzx0-5-head位于被修剪曲线的首部。点击"应用"，完成修剪。

此命令形成命令流如下：
TRIM jbzx0-5-head
SOURCE jbzx0-5
BY lg4/N = -1
SAVEP jbzx0-5/N = 1

4.2.5 线的拼接

线的拼接是将几条曲线进行拼接形成一条曲线。

在工具栏依次点击"几何"→"拼接"按钮，然后在右侧"操作"窗口选择对象［线］，名称栏键入新曲线的名称，线序列为要拼接的曲线，要求这些曲线首尾相接。例如，将曲线sec0、sec1进行拼接，新曲线名称为sec-pj，如图4-24所示，点击"应用"，完成拼接。

图4-23 线的修剪　　　　　　　图4-24 线的拼接

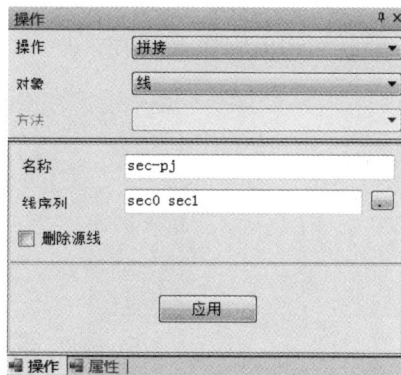

此命令形成命令流如下：
JOIN sec-pj
SOURCE sec0 sec1

4.2.6 线的删除

在工具栏依次点击"几何"→ ✕ 按钮,然后在右侧"操作"窗口选择[线]或[任意类型图元],源图元序列栏指定要删除的线的名称(可键入或用鼠标从图形窗口拾取或从对象树窗口点选),可以是单个,也可以是多个,如图4-25所示。点击"应用",会出现提示确认弹窗,点击"确定",完成删除。

图4-25 线的删除

此命令形成命令流如下:
DELETE sec0 sec1

4.2.7 线的编辑

首先用鼠标选择该线图元(图形窗口或对象树窗口),然后在右边工作区中选择"属性",如图4-26所示,点击"..."按钮进入坐标编辑器,如图4-27所示。修改完成后点击"确定",然后回到主操作窗口。点击"应用",完成修改。

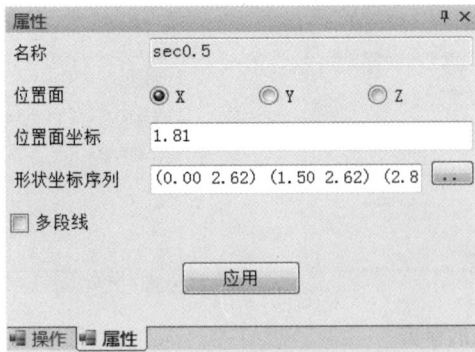

图4-26 线的编辑

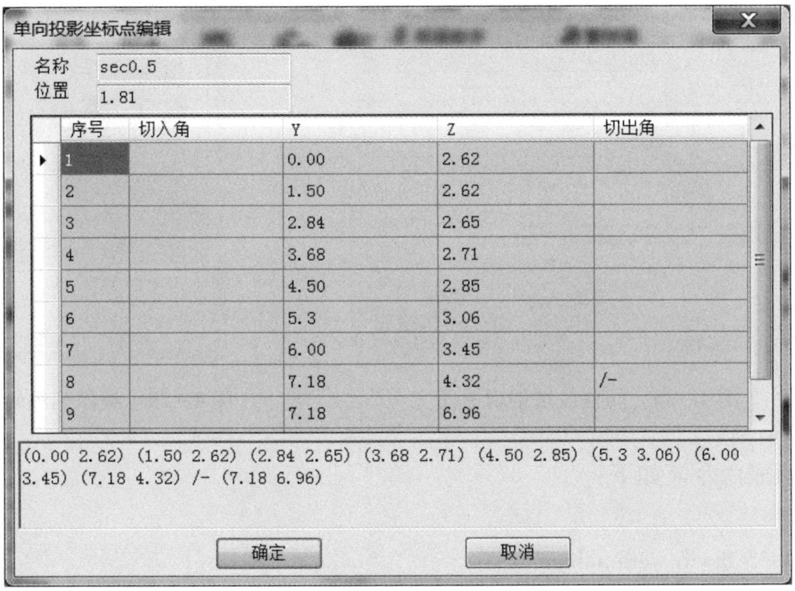

图 4 - 27　线的坐标编辑器

此时,此点的命令流改为编辑后的命令流,sec0.5 命令流变为

CURVE sec0.5

X 1.81

YZ（0.00 2.62）（1.50 2.62）（2.84 2.65）（3.68 2.71）（4.50 2.85）(5 3.06）（6.00 3.45）（7.18 4.32）／-（7.18 6.96）

其中:(5 3.06)的原值为(5.3 3.06)

4.3　面　的　操　作

4.3.1　面的创建

形成面是创建船壳曲面的最后一步,这里提供了网格线、单向放样、扫掠、旋转、管道、球面等方法,其中网格线最常用,扫掠、旋转等用以生成特殊面。

1. 网格线法

网格线法是使若干相互交叉连接的网状曲线直接形成面,如若干站线与水线,其限制条件是这些线要能够围成闭合的空间网格(三边或四边)。

具体操作时,在工具栏依次点击"几何"→"创建"按钮,然后在右侧"操作"窗口依次选择对象[面]、方法[网格线],在名称栏输入新曲线的名称[s1](注意此处名称不支持汉字),网格线序列中输入构成该网格面的所有网状曲线,可以键入,也可以用鼠标从图形窗口拾取或从对象树窗口点选界面操作,也可通过点击"..."按钮在弹出的线序列窗口中进行编辑,如图 4 - 28、图 4 - 29 所示。完成后点击"确定"返回主操作窗口。在主操作窗口点击"应用",完成创建操作。

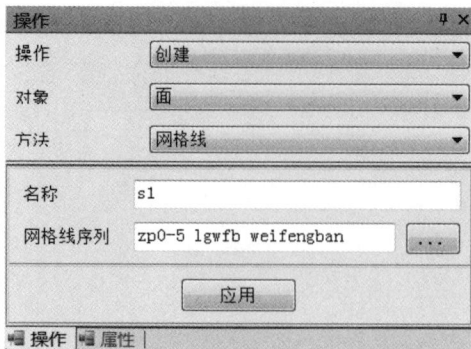

图4-28 网格线法创建曲面

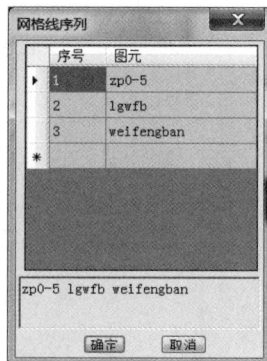

图4-29 线序列编辑窗口

此命令形成命令流如下：

SURF s1

THR zp0-5 lgwfb weifengban

2. 单向放样法

单向放样法是通过一系列的曲线（如站线）放样来得到曲面的，与网格法不同，这些线通常是同一个方向的系列曲线，如若干站线、肋骨线，多用于生成外板面。

具体操作时，在工具栏依次点击"几何"→"创建"按钮，然后在右侧"操作"窗口依次选择对象［面］、方法［单向放样］，在名称栏输入新曲面的名称［s2］（注意此处名称不支持汉字），放样线序列为系列曲线的名称，可以键入，也可以用鼠标从图形窗口拾取或从对象树窗口点选，如图4-30所示。点击"应用"，完成创建操作。线序列也可通过点击"…"按钮在弹出的线序列窗口中进行编辑。

图4-30 单向放样法创建曲面

此命令形成命令流如下：

LOFT s2

THR lg7 lg8

3. 扫掠法

扫掠法是通过基线沿引导线方向扫过得到曲面的，在这里有两条线，一条为基线，另一条为引导线，所形成的面是基线沿着导线所行进的路程，多用于生成甲板面。

　　具体操作时,在工具栏依次点击"几何"→"创建"按钮,然后在右侧"操作"窗口依次选择对象[面]、方法[扫掠],在名称栏输入新曲线的名称[s3](注意此处名称不支持汉字),扫掠基线输入作为基线的线,可以键入,也可以用鼠标从图形窗口拾取或从对象树窗口点选,引导线输入基线行进的路径,如图 4－31 所示。点击"应用",完成创建。

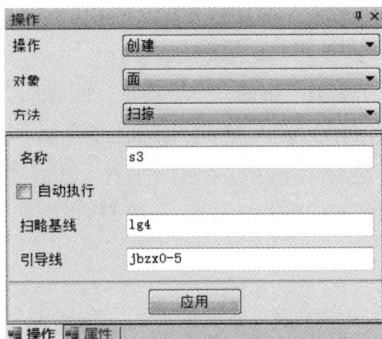

图 4－31　扫掠法创建曲面

此命令形成命令流如下:

SWEEPSURF s3

BASE lg4

GENERATE jbzx0－5

4. 球面法

球面法用于创建球和球冠。

　　具体操作时,在工具栏依次点击"几何"→"创建"按钮,然后在右侧"操作"窗口依次选择对象[面]、方法[球面],在名称栏输入新曲面的名称[s4](注意此处名称不支持汉字),"C C1 坐标"分别是球冠的底面中心坐标和 C 与球心连线之间的点(注意 $C1$ 可以在 C 的任意方向,从而可做出任意不同方向的球冠),"半径 r"是球冠底面半径,$r \geq 0$,"高度 h"是球冠高度,$h > 0$,$h = r$ 表示半球,$r = 0$ 表示球,此时 h 表示球直径,$C1$ 可省略,如图 4－32 所示。点击"应用",完成创建。

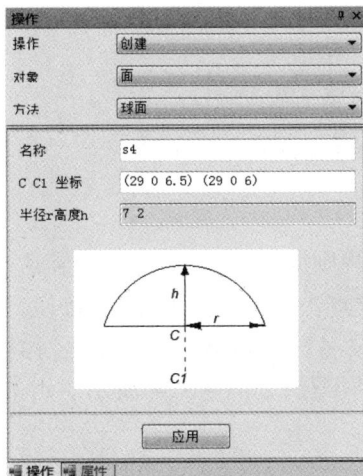

图 4－32　球面法创建曲面

此命令形成命令流如下：

SPHERESURF s4

CENTER（29 0 6.5）（29 0 6）

RH 7 2

5. 旋转法

旋转法可以创建船模中的规则曲面，如侧推孔。

具体操作时，在工具栏依次点击"几何"→"创建"按钮，然后在右侧"操作"窗口依次选择对象[面]、方法[旋转]，在名称栏输入新曲线的名称[s5]（注意此处名称不支持汉字），旋转轴端点1及旋转轴端点2是旋转轴的两端点坐标，可以手动输入，也可以指定为已存在曲线上的点，基线是旋转的母线，角度是指基线绕旋转轴旋转的角度，如图4-33所示。点击"应用"，完成创建。

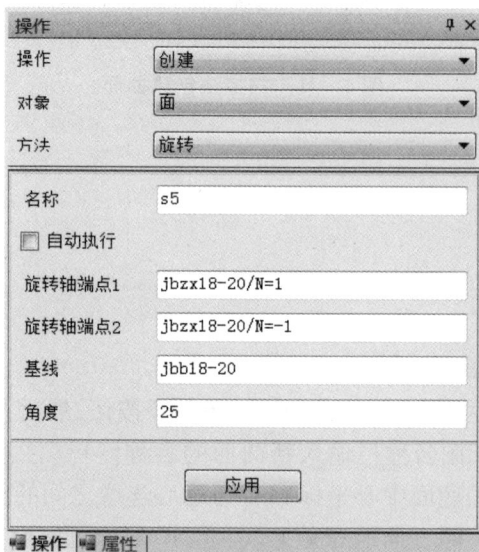

图4-33　旋转法创建曲面

此命令形成命令流如下：

ROTATIONSURF s5

AXIS jbzx18-20/N=1 jbzx18-20/N=-1

BASE jbb18-20

ANGLE 25

6. 管道法

管道法可以创建船模中的规则曲面，如一条弯曲的管道。

具体操作时，在工具栏依次点击"几何"→"创建"按钮，然后在右侧"操作"窗口依次选择对象[管道]、方法[旋转]，在名称栏输入新曲线的名称[s6]（注意此处名称不支持汉字），基线为导线，半径为管道的半径，如图4-34所示。点击"应用"，完成创建。

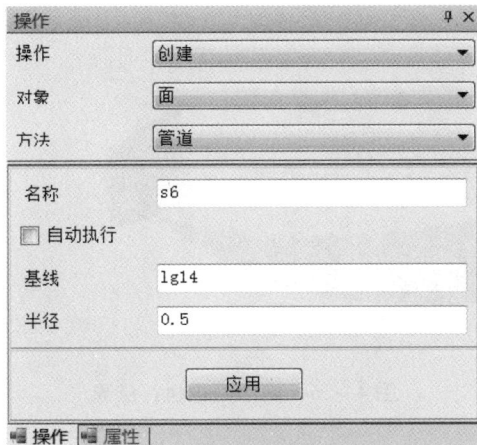

图4-34　管道法创建曲面

此命令形成命令流如下：

PIPE s6

GENERATE lg14

R 0.5

4.3.2　面的镜像

船体通常是左右对称的，所以建模时通常只创建一舷的模型曲面，另外一边舷侧曲面通过镜像产生，镜像面为船体的纵剖面，默认为纵中剖面。

在工具栏依次点击"几何"→"镜像"按钮，然后在右侧"操作"窗口选择[面]或[任意类型图元]，名称栏键入新曲面名称[a1]（只要满足命名规则，可任意取名，缺省时系统将自动给它命名为[源图元名称_m]，本例中如缺省则默认为[s5_m]），源图元序列栏指定需要镜像的图元名称[s5]（可键入或用鼠标从图形窗口拾取或从对象树窗口点选），镜像面位置Y栏键入镜像面的Y坐标值（缺省为0，纵中剖面），如图4-35所示。点击"应用"，完成镜像。执行结果如图4-36所示。

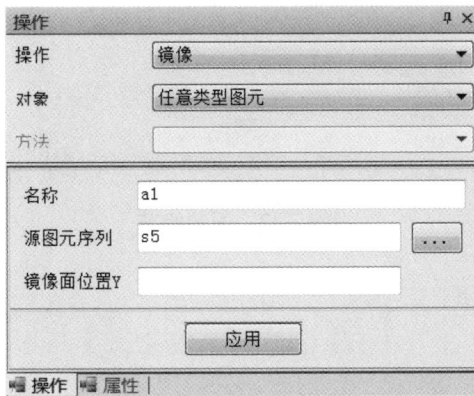

图4-35　面的镜像

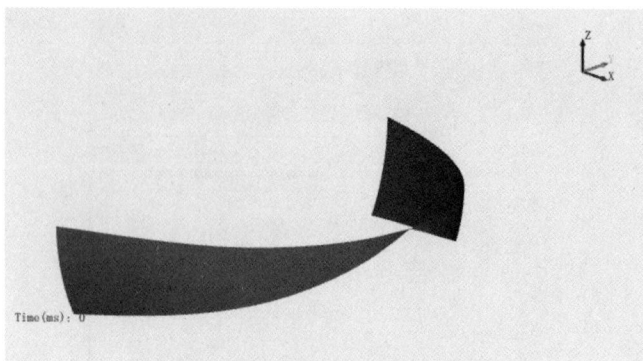

图 4 - 36　面的镜像执行结果

此命令形成命令流如下：
MIRROR a1
SOURCE s5

4.3.3　面的修剪

面的修剪是以某曲面为分割面对曲面进行剪切的,我们可以选择保留哪一部分。

在工具栏依次点击"几何"→"修剪"按钮,然后在右侧"操作"窗口选择对象[面],在名称栏输入新曲面的名称[w12](注意此处名称不支持汉字),源面为要修剪的曲面的名称,分割面为被修剪曲面的分割面,保留点为修剪后新曲面在源面的保留部分所在的点。例如,将曲面 z 以面 qg1 为分割面进行修剪,保留点(5 0 5)所在的一侧,新曲面名称为 w12,填写方式如图 4 - 37 所示。点击"应用",完成面的修剪。

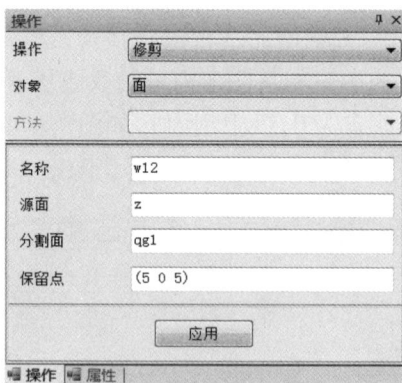

图 4 - 37　面的修剪

此命令形成命令流如下：
TRIM w12
SOURCE z
BY qg1
SAVEP (5 0 5)

4.3.4 面的拼接

面的拼接是将几个曲面拼接在一起形成一个新的曲面。

在工具栏依次点击"几何"→"拼接"按钮,然后在右侧"操作"窗口选择对象[面],在名称栏输入新曲面的名称[aa1](注意此处名称不支持汉字),面序列为要拼接的曲面名称。例如,将曲面 s 和 a1 拼接生成曲面 aa1,如图 4 - 38 所示。点选"应用",完成面的拼接。若点选"删除源面"按钮,将在生成新曲面时删除源曲面。

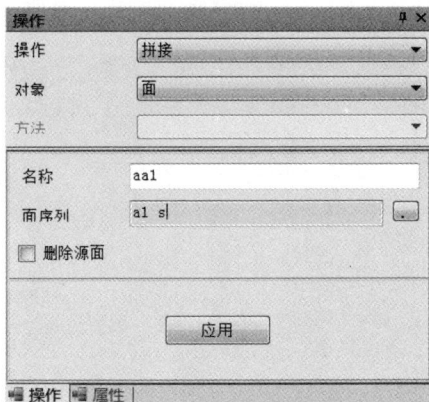

图 4 - 38 面的拼接

此命令形成命令流如下:
JOIN aa1
SOURCE a1 s

4.3.5 面的删除

在工具栏依次点击"几何"→ ✖ 按钮,然后在右侧"操作"窗口选择[面]或[任意类型图元],源图元序列栏指定要删除的线的名称(可键入或用鼠标从图形窗口拾取或从对象树窗口点选),可以是单个,也可以是多个,如图 4 - 39 所示。点击"应用",会出现提示确认弹窗,点击"确定",完成删除。

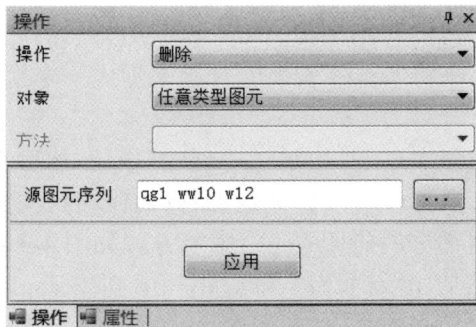

图 4 - 39 面的删除

此命令形成命令流如下：

DELETE qg1 ww10 w12

4.3.6　面的求交

面的求交就是通过两个曲面相交，得出它们的交线。

在工具栏依次点击"几何"→"求交"按钮，然后在右侧"操作"窗口选择对象［面］，名称栏输入新曲线的名称，面1、面2分别为求交的两个曲面。例如，将曲面 z 与曲面 q2 的求交，交线名称为 ll1，填写方式如图4-40所示。点击"应用"，完成求交。

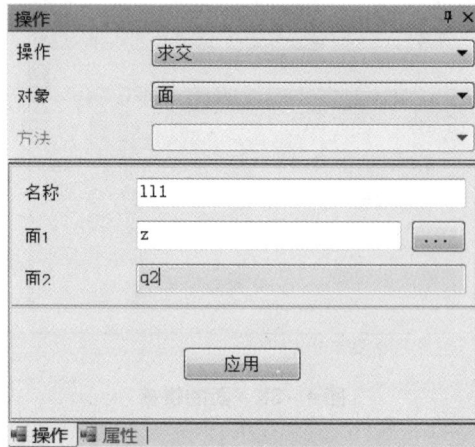

图4-40　面的求交

此命令形成命令流如下：

INTERSECT ll1

BETWEEN z q2

4.4　体　的　操　作

4.4.1　体的创建

体的创建方式有多种方法，包括围拢、体组合、长方体、球体、圆柱体、圆罐体、扫掠、旋转等，本节只介绍围拢法——将所有外表面缝合起来形成一个封闭的体（不支持体内有空泡的情况）。

具体操作时，在工具栏依次点击"几何"→"创建"按钮，然后在右侧"操作"窗口依次选择对象［体］、方法［围拢］，名称栏输入新体的名称，面序列是构成体的所有外表曲面。例如，将 s、s_M 缝合形成船首部分的船体 ship1，填写方式如图4-41所示。点击"应用"，完成体的创建。当 ship1 形成后，隐藏曲面 s 和 s_M，可看到体 ship1。

图 4 - 41　体的操作

此命令形成命令流如下：

SOLID ship1

THR s s_M

4.4.2　体的镜像

体的镜像是对已形成的体进行镜像，从而形成新的体，镜像面为船体纵剖面，默认为船体纵中剖面。

在工具栏依次点击"几何"→"镜像"按钮，然后在右侧"操作"窗口选择[体]或[任意类型图元]，名称栏键入新体名称[sl3]（只要满足命名规则，可任意取名，缺省时系统将自动给它命名为[源图元名称_m]，本例中如缺省则默认为[ship1_m]），源图元序列栏指定需要镜像的图元的名称[ship1]（可键入或用鼠标从图形窗口拾取或从对象树窗口点选），镜像面位置 Y 栏键入镜像面的 Y 坐标值（缺省为 0 表示纵中剖面，本例 - 0.5 表示右舷 500 mm 纵剖线），如图 4 - 42 所示。点击"应用"，完成镜像。

此命令形成命令流如下：

MIRROR sl3

SOURCE ship1

Y - 0.5

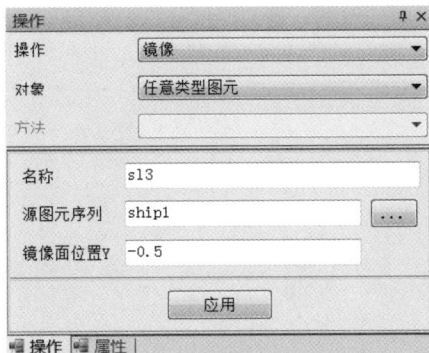

图 4 - 42　镜像操作

4.4.3　体的删除

在工具栏依次点击"几何"→![X]按钮,然后在右侧"操作"窗口选择[体]或[任意类型图元],源图元序列栏指定要删除的线的名称(可键入或用鼠标从图形窗口拾取或从对象树窗口点选),可以是单个,也可以是多个,如图4－43所示。点击"应用",会出现提示确认弹窗,点击"确定",完成删除。

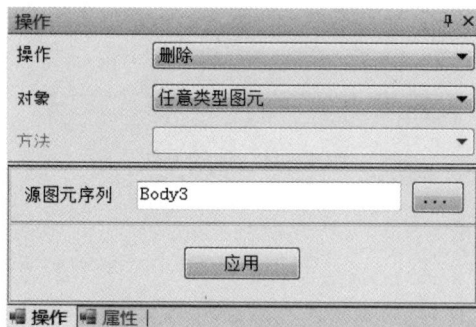

图4－43　删除操作

此命令形成命令流如下:
DELETE Body3

第5章 对象拾取与显示

5.1 概 述

COMPASS 建模顺序是由点及面,由面及体,最后形成船壳和舱室。由于建模是在三维立体空间进行的,对点、线、面的连续性要求很高,需要线条精准连接,为此经常会出现对已存在的图元的引用,或对已存在的曲线上特定节点/位置点的引用。在建模操作过程中,这些引用可以通过键入名称和特定表达式来实现,但更便捷的方式是通过鼠标从图形窗口拾取,过程中也通过显示和隐藏特定的图元来实现图元筛选/过滤。本章将向大家介绍图元的拾取/引用与显隐。

5.2 选 择 工 具

COMPASS 程序中为我们提供了多种选择方法,以便我们在建模过程中可以对所需调整的图元进行自由选择。

1.框选

在 COMPASS 建模界面中可以直接用鼠标对所见图元进行框选。框选有两种方式:正向框选和反向框选。

正向框选具体操作为在界面内选定一点,按住鼠标左键,向选取点的右下方拖动,此时随着鼠标移动,界面内会出现由起始点到当前点的不断闪烁的矩形框,当鼠标到达任一点放开鼠标后,矩形内的图元都将被选中。注意,所选图元应完全处于此矩形框内。

反向框选具体操作为在界面内选定一点,按住鼠标左键,向选取点的左上方拖动,此时随着鼠标移动,界面内会出现由起始点到当前点的不断闪烁的矩形框,到达任一点放开鼠标后,处于矩形上的图元都将被选中。注意,所选图元不需要完全处于此矩形框内,只需要部分位于此范围即可。

在框选时被选中的图元颜色会加深,如图 5-1 所示。

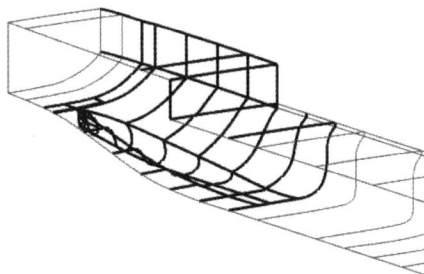

图 5-1 框选

2. 点选

上面所讲的选取是在建模过程中大规模选取时使用的,在建模过程中有时只需要选取某一图元或某一类型的图元。在COMPASS界面中直接点选某一图源,当图源被选中时,图源上将显示图源的基本信息,如图5-2所示。

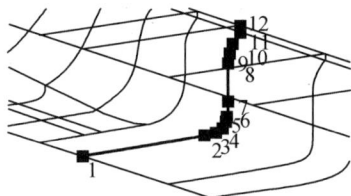

图5-2 点选

点选不可以进行多选,即每次只能选择一个图源。

3. 直接输入

在COMPASS建模时可以在界面中直接输入所要引用的图源的名称,界面上该图源会出现加粗情况。例如,用网格面法创建部分甲板平面,该部分面由曲线lg0、lg4、jbb0-5、jbzx0-5组成,在网格处直接键入曲线名称,如图5-3所示。

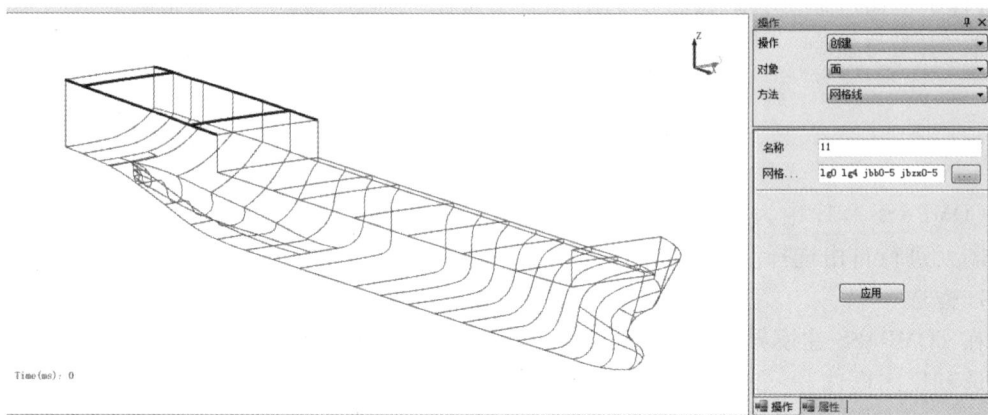

图5-3 直接输入

4. 点选对象树

在COMPASS建模时图元名称会形成对象树,而这个对象树在建模选择中亦可进行使用。可以在对象树上直接点击所要引用的图源的名称,界面上该图源也会出现加粗情况。例如,用网格面法创建部分甲板平面,该部分面由曲线lg0、lg4、jbb0-5、jbzx0-5组成,从对象树窗口用鼠标逐一点选这些曲线名称前的复选框,如图5-4所示。

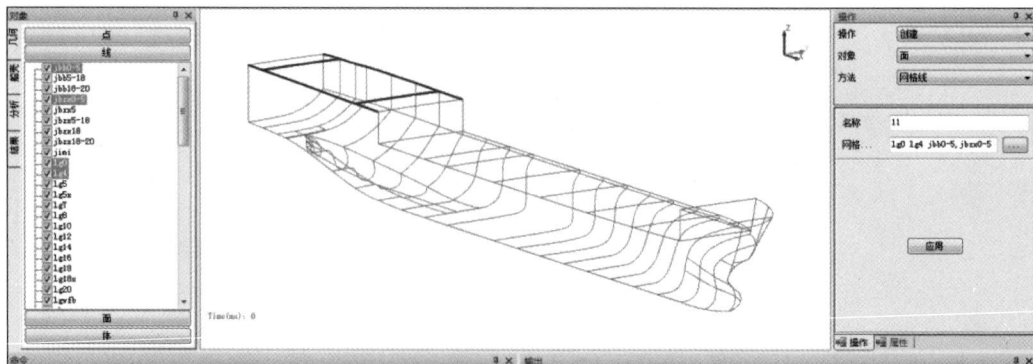

图5-4 点选数据树

5.选择类型

在 COMPASS 建模中有时仅需要对某类型的图元进行选取,此时可以利用界面中的筛选命令。具体操作:点击菜单中 🔽 ,界面将会出现如图 5 - 5 所示的对话框,根据需要进行选择。例如,要对模型中的线进行选取,点击"线"前面的方框,框内会出现 ☑ ,点击"确定",就可对模型中的线进行选取而不会对其他性质图源产生干扰。当然在建模中被设为不显示的图元同样是不会被选中的。

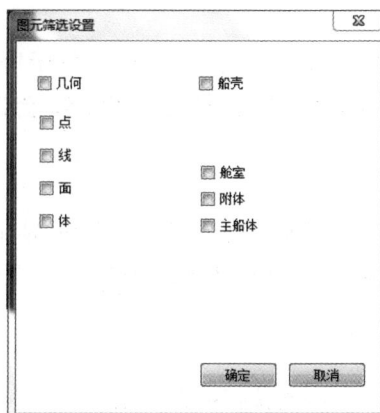

图 5 - 5 图元筛选设置

5.3 显示/隐藏工具

在建模界面中有显示/隐藏菜单,在这个菜单中有控制点、线、面、体等的按钮。命令菜单如图 5 - 6 所示。

图 5 - 6 命令菜单

下面将介绍各图标的功能。

1. 👁点

点显示的控制按键。点击此按钮可以控制显示屏中点的显示和隐藏。点击后可能按钮色彩变化不明显,但屏幕上点的显隐状态会出现与当前显隐状态相反的形式。

2. 〰线

线显示的控制按键。点击此按钮可以控制显示屏中线的显示和隐藏。点击后可能按钮色彩变化不明显,但屏幕上线的显隐状态会出现与当前显隐状态相反的形式。

3. ◗面

面显示的控制按键。点击此按钮可以控制显示屏中面的显示和隐藏。点击后可能按钮色彩变化不明显,但屏幕上面的显隐状态会出现与当前显隐状态相反的形式。

4. 体

体显示的控制按键。点击此按钮可以控制显示屏中体的显示和隐藏。点击后可能按钮色彩变化不明显,但屏幕上体的显隐状态会出现与当前显隐状态相反的形式。

5. 主体

船壳模型显示的控制按键。点击此按钮可以控制显示屏中船壳的显示和隐藏。点击后可能按钮色彩变化不明显,但屏幕上船壳的显隐状态会出现与当前显隐状态相反的形式。

6. 舱室

舱室模型显示的控制按键。点击此按钮可以控制显示屏中舱室的显示和隐藏。点击后可能按钮色彩变化不明显,但屏幕上舱室的显隐状态会出现与当前显隐状态相反的形式。

7. 单元体

单元体模型显示的控制按键。点击此按钮可以控制显示屏中单元体的显示和隐藏。点击后可能按钮色彩变化不明显,但屏幕上单元体的显隐状态会出现与当前显隐状态相反的形式。

8. 附体

附体模型显示的控制按键。点击此按钮可以控制显示屏中附体的显示和隐藏。点击后可能按钮色彩变化不明显,但屏幕上附体的显隐状态会出现与当前显隐状态相反的形式。

9. 指定图元

隐藏选中的图元。首先从图形窗口拾取需要隐藏的图元,然后点击该按钮,则被选中的所有图元将被隐藏。

10. 肋位标尺

肋位标尺显示的控制按键。点击后将切换肋位标尺的可见性。

11. 显示/隐藏操作

除了"指定图元"按钮外,其他显示/隐藏工具按钮为集体显示或隐藏,也就是控制某一类型图元的显示和隐藏,如所有线或所有面。但建模时会需要显示和隐藏某个指定的图元,比如仅仅隐藏某个曲线而其他的曲线可见,此时可通过"树"操作来实现。在模型中的图元均有名称,树窗口中每个图元前面均有复选框,点击方框,框中将出现"√",此时该图元为显示状态;再次点击,"√"将消失,此时该图元为隐藏状态,如图 5 - 7 所示。

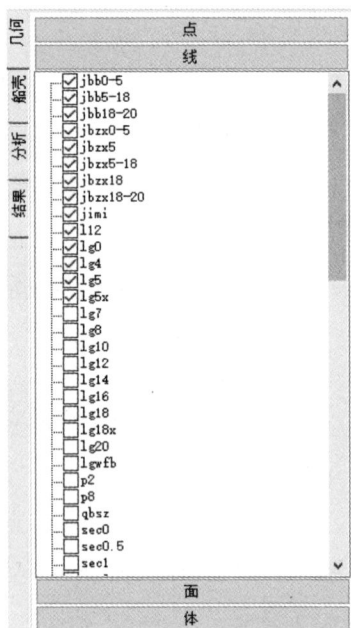

图 5 - 7 显示/隐藏图元

5.4 拾 取 菜 单

在建模界面中有拾取菜单,在这个菜单中可以对要选择的点进行点选,这一功能基本可以完成我们对建模引用的要求。命令菜单如图 5-8 所示。

图 5-8　命令菜单

下面将介绍各图标的功能。

1. 筛选图元

指定可拾取的图元类型。当显示界面中同时存在多种图源时,如果只要选取某一种图元,可用此按钮。例如,在模型中要对型线进行镜像,而在此操作中要摒弃其他图元的选取,此时操作为在镜像源图元序列选取时,点选 ▽ ,会出现对话框,如图 5-9 所示,对图元性质进行选择,可以框选从而不会发生对其他图元错选的情况。

图 5-9　筛选图元

2. 拾取图元

拾取模式开关按键。支持点选、正向框选(全部落在框内被选中)、反向框选(被框住任意部分即选中)。

3. 捕捉屏幕点

打开捕捉屏幕上的点,返回坐标到"命令窗口"当前光标处或"操作面板"当前控件的光标处。

4. 捕捉曲线的首端节点

打开捕捉曲线上的点,返回引用表达式"C/n=1"到"命令窗口"当前光标处或"操作面板"当前控件的光标处(C 为曲线的名称)。

5. 捕捉曲线的尾端节点

打开捕捉曲线上的点,返回引用表达式"C/n=-1"到"命令窗口"当前光标处或"操作面板"当前控件的光标处(C 为曲线的名称)。

6. 捕捉曲线节点

打开捕捉曲线上的点,返回引用表达式"C/n=?"到"命令窗口"当前光标处或"操作面板"当前控件的光标处(C 为曲线的名称),其中的"?"为曲线上的节点顺序。例如,要选取曲线 C1 上的第 6 节点表达式为"C1/n=6"。

7. 捕捉曲线上的点

打开捕捉曲线上的点,返回引用表达式"C/X=?"或"C/Y=?"或"C/Z=?"到"命令窗口"当前光标处或"操作面板"当前控件的光标处(C 为曲线的名称)。此按钮用以选择曲线上距基本投影面的间距的点。例如,选择曲线 C1 上距中线面 2 m 的点表达式为"C1/X=2",同理此线上距基线 2 m 的点表达式为"C1/Z=2"。

8. 捕捉曲线的交点

打开捕捉曲线的交点,返回引用表达式"C1/C2"到"命令窗口"当前光标处或"操作面板"当前控件的光标处(C1、C2 为曲线的名称)。此命令为选择两条曲线的交点。例如,选择曲线 C1 和曲线 C2 的交点,表达式为"C1/C2"。

第6章 几何建模高级应用

6.1 命 令 流

6.1.1 命令流概述

在 COMPASS 软件中,命令流是由一组或多组 COMPASS 命令组成的,这些命令按照 COMPASS 软件规定的语法编写。命令流按照先后顺序逐一执行,每执行一组命令便能够完成一个特定的建模功能,这些功能一般来说通过菜单操作也能够实现。COMPASS 软件建模有两种途径,一是通过直观的交互操作界面,二是通过命令流的方式。

当通过交互界面建立船舶三维模型时,软件后台用文件的形式同步记录了每一步的操作过程,即每一步操作都有相应的执行命令与之对应,这个文件就是命令流文件,其后缀为.lst,与工作模型文件(后缀为.csx)同名,且在同一文件夹中。

当然,也可以直接编辑文档,按照 COMPASS 的语法规则事先编辑完成一组命令流,然后把文档命令粘贴到 COMPASS 的执行命令窗口,执行命令流的方式如下:

(1)命令之后换行输入"OK"后回车。

(2)命令之后 Ctrl + 回车。

(3)命令窗口,鼠标中键点击。

执行完命令流后,COMPASS 程序同样也会自动生成同名的命令流文件,后缀为.lst。也就是说,两种建模方式,软件系统都能同步生成后缀为.lst 的命令流文件。这个文件可以用记事本或者 Word 打开并编辑,这一点对于检查模型、修改模型和新建模型数据有着非常重要的意义,可以大大提高建模效率。

在使用命令流建模时,编辑和输入命令流命令要特别注意以下事项:

(1)命令关键字和对象名称不区分大小写。

(2)命令参数之间分隔符为空格或逗号。

(3)执行命令行必须是半角英文状态下输入字母、数字、符号,不可用中文输入法。

(4)以"!"开头的命令行为注释行,COMPASS 不执行。

在第 3 章 3.2 节船舶信息中,介绍了窗口对话框输入船舶参数的方法。以下通过命令流的方式,输入 1 000 t 多用途船的数据信息,希望读者对比体会,看看命令流的方式是不是非常便捷。

6.1.2 船舶要素

! 主尺度
MAINPRINCIPLE
LPP 55.8

LBD 55.8 10.8 3.5

T 2.7

DSPL 0

CB 0

在 COMPASS 命令窗口中粘贴上述命令行,如图 6-1 所示。

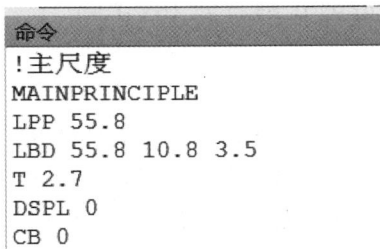

图 6-1 命令行

执行命令后,查看主菜单"船舶(S)"下的子菜单"船舶要素(D)",如图 6-2 所示。

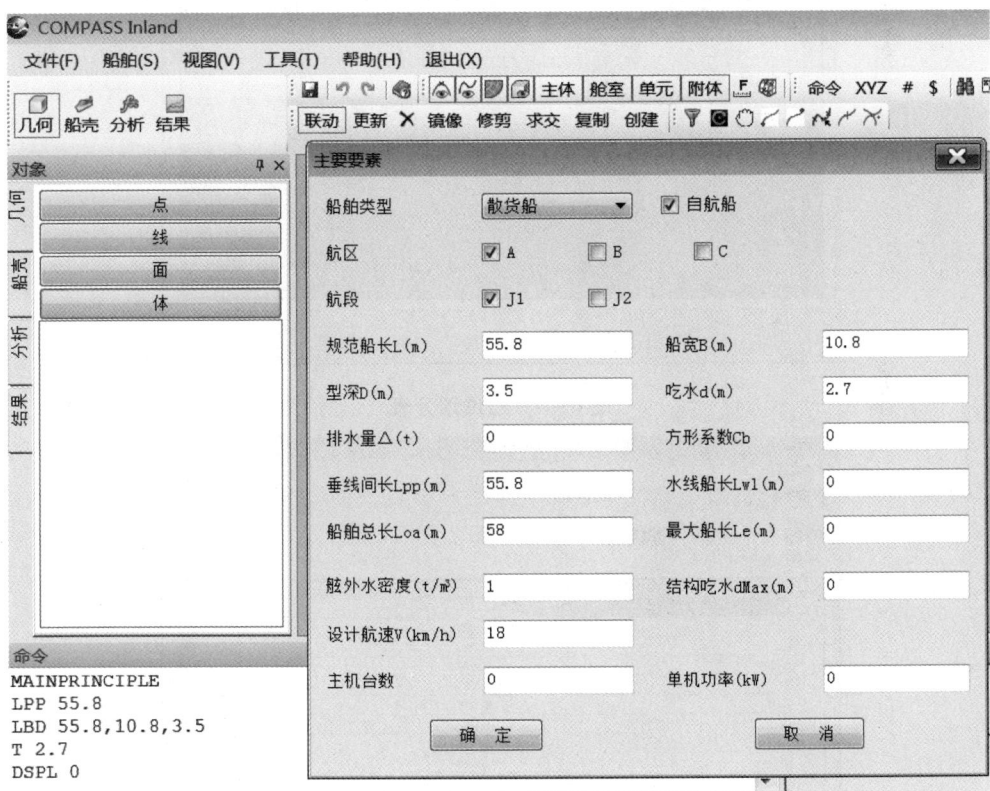

图 6-2 船舶要素

建模前船舶要素中规范船长、船宽、型深、和垂线间长是必填项,其余为可选项,暂时可空缺,即不影响 COMPASS 模型的建立。后面需要计算船舶稳性时,可在此对话框窗口中完善船舶种类、航区、航速等其他数据项目。

6.1.3 船体标尺

HULLCOORD

ORG −1

FR0X 0

FRSPACE（−4 20 0.5）（20 92 0.65）（92 105 0.5）

ST0X 0

STNUM 20

STADD（0.5 1.395）（1.5 4.185）（2.5 6.975）（17.5 48.825）（18.5 51.615）（19.5 54.405）

在 COMPASS 命令窗口中粘贴上述命令行,并执行命令后,即完成了该船船体标尺位置的设定。查看子菜单"船体标尺(S)"如图 6 − 3、图 6 − 4 所示。

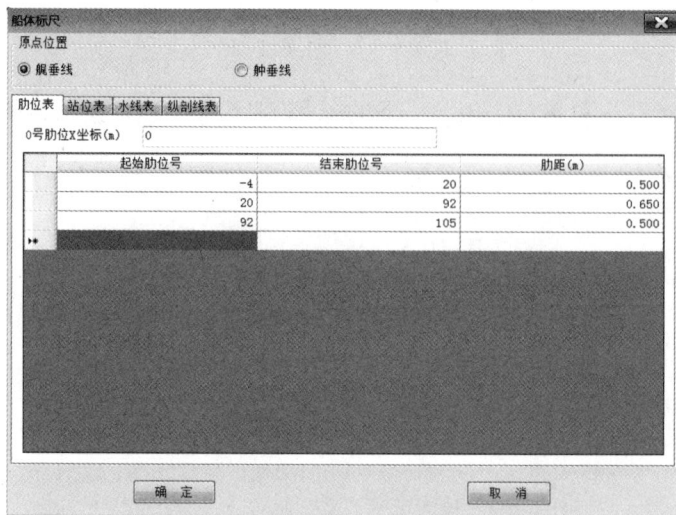

图 6 − 3　肋位划分表

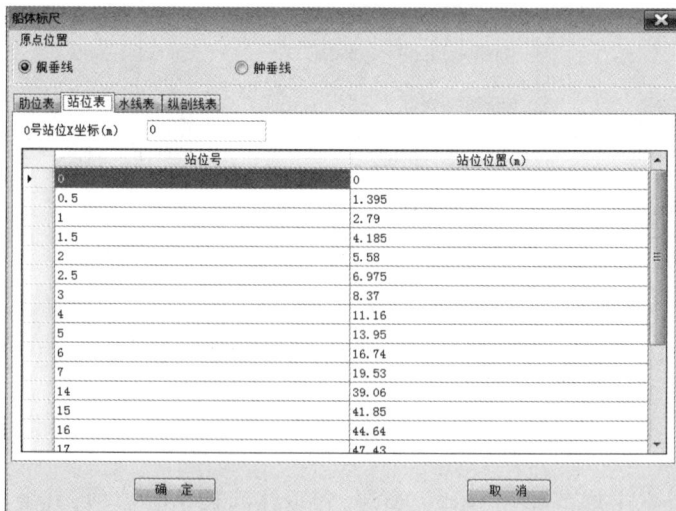

图 6 − 4　站位划分表

ORG 取 -1,表达原点在艉垂线上。

FR0X 取 0,表达 FR0 肋位的坐标值 0,即就在原点处。

ST0X 取 0,表达 ST0 站位的坐标值 0,即就在原点处。

FRSPACE (-4 20 0.5)(20 92 0.65)(92 105 0.5),表达本船尾部(FR -4 ~ FR20)肋距为 0.5 m、中部(FR20 ~ FR92)肋距为 0.65 m、首部(FR92 ~ FR105)肋距为 0.5 m。

STNUM 取值 20,表达了本船型线分站数为 20 站,按垂线间长等间距划分。

STADD (0.5 1.395)(1.5 4.185)(2.5 6.975)(17.5 48.825)(18.5 51.615)(19.5 54.405),为加密插入站位表。

注意:在定义艏艉肋距站号时,一定要求超出实船的船首和船尾范围。

如果遇到特殊非等间距的站线,可以直接在站位窗口中逐行输入站号和对应于原点的距离;也可以依旧采用命令流的方式输入,即所有站号全部采用加密插入表达逐一坐标定位。方式如下:

STNUM 0

STADD (0 0)(0.5 1.395)(1 2.79)(1.5 4.185)(2 5.58)(2.5 6.975)(3 8.37)(4 11.16)(5 13.95)(6 16.74)(7 19.53)(14 39.06)(15 41.85)(16 44.64)(17 47.43)(17.5 48.825)(18 50.22)(18.5 51.615)(19 53.01)(19.5 54.405)(20 55.8)

6.1.4 命令流建模示例

1 000 t 多用途船几何建模的命令流参见第 7 章,这里以该船部分几何建模的命令流为例,来说明如何采用命令流方式来实现一组横剖线 S0、S1、S2、S3、S4、S5 的模型生成,其命令流如下:

CURVE S5

X $5

YZ (0 0)(3.45 0) / 0(4.2 0.165)(4.626 0.45)(5.008 0.9)(5.236 1.35)(5.365 1.8)(5.4 2.7) / 90(5.4 3.5)

CURVE S4

X $4

YZ (0 0.043)(1.5 0.043) /0 (2.53 0) /0 (3.394 0) /0 (4.2 0.32)(4.366 0.45)(4.738 0.9)(5.026 1.35)(5.27 1.8)(5.37 2.235)(5.398 2.7)(5.4 3.103)/ -(5.4 3.503)

CURVE S3

X $3

YZ (0 0.24)(1.876 0.24) /0 0/ (3.0 0.014) /0 (3.934 0.45)(4.317 0.9)(4.736 1.35)(5.12 1.8)(5.304 2.235)(5.375 2.7)(5.395 3.106)/ -(5.395 3.506)

CURVE S2

X $2

YZ (0 0.691)(2.174 0.691) /0 (2.485 0.45) 0/ (3.0 0.108) /0 (3.514 0.45)(3.7 0.9)(4.262 1.35)(4.855 1.8)(5.132 2.235)(5.268 2.7)(5.324 3.121)/ -(5.324 3.521)

CURVE S1

X $1

YZ（0 1.267）（2.265 1.267）/0（2.763 1.1）（2.845 0.90）（2.861 0.45）0/（3.0 0.388）/0（3.142 0.45）（3.15 0.9）（3.44 1.35）/20（4.2 1.642）（4.508 1.8）（4.905 2.235）（5.103 2.7）（5.184 3.157）/ -（5.184 3.557）

CURVE S0

X $0

YZ（0 1.564）（2.131 1.564）/0 0/（3.0 1.502）/0（4.151 1.8）（4.663 2.235）（4.898 2.7）（4.99 3.197）/ -（4.99 3.597）

OK

以上命令行中,包含了一些初学者暂时看不懂的符号,稍后将会详细讲解这些符号的意义。

把以上命令行复制到 COMPASS 界面左下角的命令窗口中,并执行命令,在显示窗口就会生成6条横剖线实体,在对象面板窗口依次出现单元体 S0、S1、S2、S3、S4、S5,如图6-5所示。

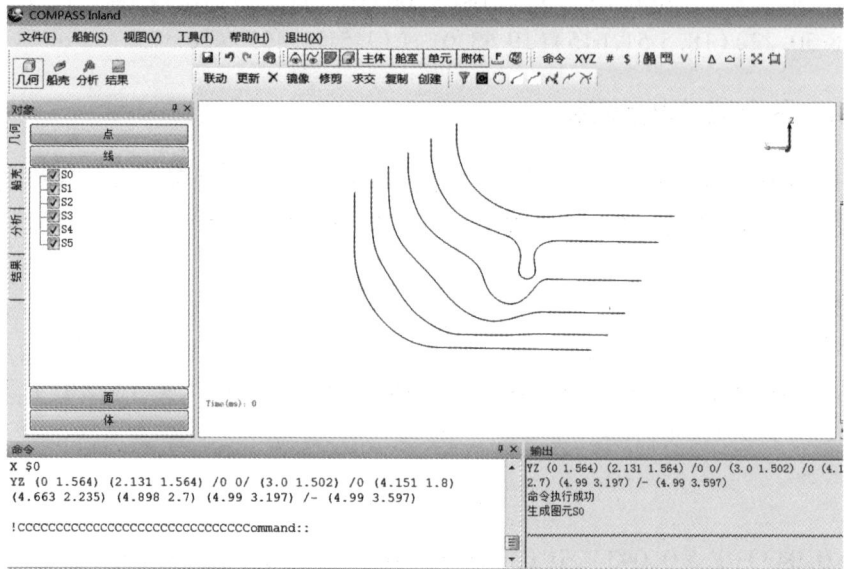

图6-5　命令流建模

提示:当通过 COMPASS 软件提供的交互式窗口操作时,每完成一个实体建模后,就会在程序界面的左下方命令窗口出现对应的建模命令流。读者可以复制该命令流,来快速学习和建立新的同类型对象。

6.2　点的特性定义

在 COMPASS 三维建模中,需要定义大量的点,由这些点生成一系列的线段,这些点包括型值点、线型加密点,以及从已有线段上引用的点。除了用常规三维坐标(x,y,z)生成点以外,还有一些特殊的、更有效的方法生成点,下面逐一介绍。

6.2.1　线与线的交点

已知两条曲线 C1、C2，在 COMPASS 界面中采用操作窗口定义，如图 6 - 6 和图 6 - 7 所示。

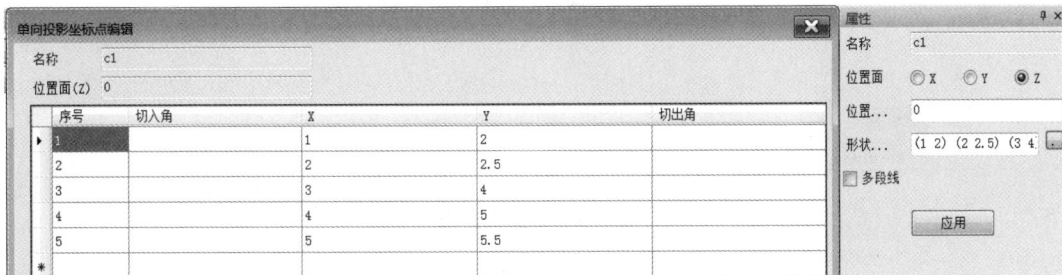

图 6 - 6　定义 C1

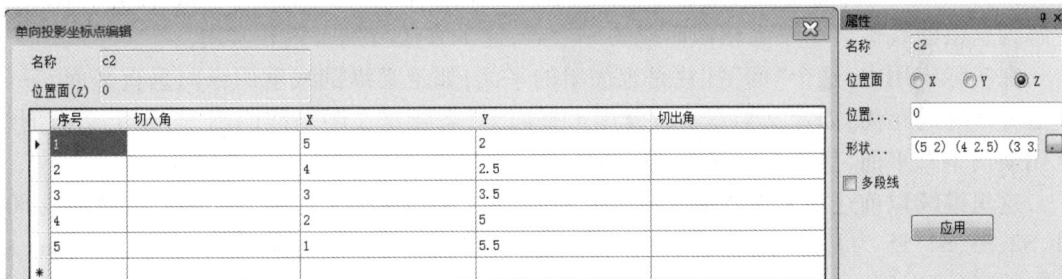

图 6 - 7　定义 C2

分别点击"应用"按钮，即可在屏幕显示窗口区域生成 C1 和 C2 两条曲线。在命令窗口执行以下命令行，亦可生成曲线 C1 和 C2。

CURVE C1

Z 0

XY (1 2)(2 2.5)(3 4)(4 5)(5 5.5)

CURVE C2

Z 0

XY (5 2)(4 2.5)(3 3.5)(2 5)(1 5.5)

OK

如果曲线 C1、C2 之间有一个交点，命名为点"A"，那么在 COMPASS 界面左下角的命令窗口输入如下的命令行：

POINT A

LOC C1/C2

OK

执行命令，在显示窗口即可生成交点"A"，如图 6 - 8 中箭头所指向的交点。

注意：若两条曲线之间有两个或两个以上的交点，系统会随机确认其中某一个点为 A 点，一般不希望出现这样的随机情况，而应该以附加条件的方式来确定满足条件的点，参见

6.1.3 节。

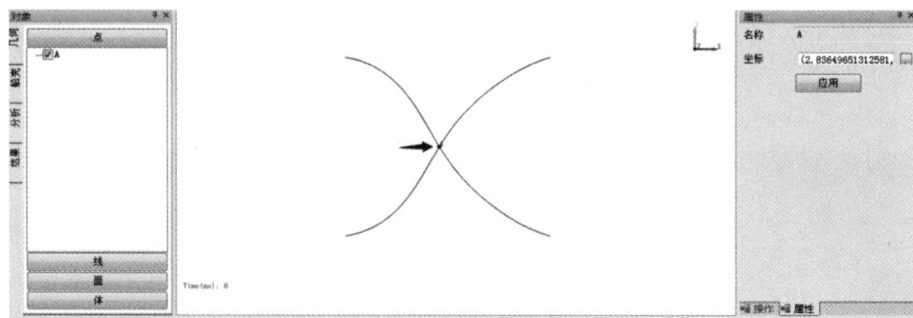

图 6-8　显示窗口

6.2.2　线与面的交点

在 COMPASS 几何建模的过程中,经常用到一根曲线与某个面截交而成的交点,也可以理解为这根曲线被某个平面相截而成的一个点,这个方法特别有效和实用。

在实际应用中,这个"面"往往是很简单的平面,如定义纵剖线就用纵向垂直平面,只需要定义距舯的距离;如定义半宽水线就用水平面,只需要定义距基线的高度;如定义横剖线就用横向垂直平面,只需要定义距原点的距离。

这里继续以前述 6.1.4 节中已经生成的 1 000 t 多用途船几何模型的那一组横剖线 S0、S1、S2、S3、S4、S5 为基础(图 6-9),此时如果需要定义一条新的距离中纵剖面 4 200 mm 的纵剖线,就可以用距舯 4.2 m 的纵向垂直平面去截取这些已有的横剖线,会生成 6 个截交点,把这 6 个点依次连接起来很容易地生成了该纵剖线,将该对象命名为 Aft_L4200,那么具体执行的命令流如下:

CURVE Aft_L4200

Y 4.2

XZ S5 S4 S3 S2 S1 S0

OK

执行命令,在显示窗口生成纵剖线 Aft_L4200,即图 6-10 中箭头所指的曲线。这里用来截取的平面就是由上述命令行中第二行"Y 4.2"来定义完成的,即该纵剖面平行于中纵剖面且距离为 4 200 mm。

在生成 Aft_L4200 纵剖线的过程中,其实并不需要把这些点一一定义、命名,只需要引用这些截交的点就可以达到定义这条纵剖线的目的,这样不仅省略了定义这些"点"的麻烦,而且使这根线与对应"点"之间的逻辑关系更加简洁明了,便于阅读和理解。

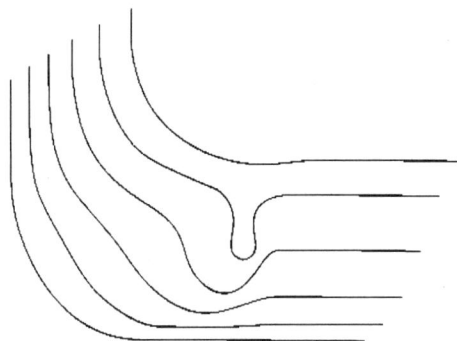

图 6 – 9　横剖线

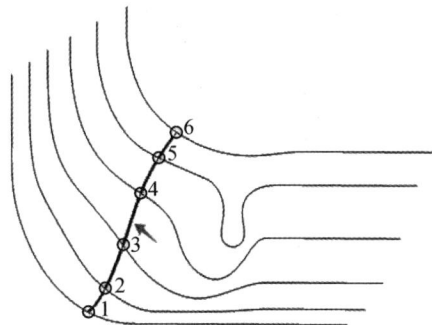

图 6 – 10　纵剖线

同样的方法,若需要定义一条新的高度为 1 000 mm 的水线,就可以用高度 1.0 m 的平面去截取这些已有的横剖线,其中横剖线 S1 与该水平面产生了两个交点,S0 因为所有的点均高于 1.0 m 故而没有交点。

对于横剖线 S1,只需要在截取点表达式的后面附加一个判断条件,COMPASS 软件就会自动匹配满足条件的点。如设定条件为 $Y > 3.0$,那么该平面与 S1 曲线截交所得双艉外侧的这个点即为所选(双艉轴纵剖面距舯 3.0 m)。

对于横剖线 S0,因为没有交点,则在新生成水线的时候不必截交 S0 横剖线。

把这 5 个点依次连接起来,同样很容易生成该水线,若该水线命名为 Aft_1000WL,则完整的命令如下:

```
CURVE Aft_1000WL
Z 1.0
XY S5 S4 S3 S2 S1/Y > 3
OK
```

执行命令,在显示窗口生成水线 Aft_1000WL,即图 6 – 11 中箭头所指曲线。这里用来截取的平面就是由上述命令行中第二行"Z 1.0"来定义完成的,即该平面距离基线面的高度为 1 000 mm。

如果在已有水线和纵剖线的基础上,定义新的横剖线,其生成方法与上述方法类似,这里不再赘述。特别注意的是:纵剖线、水线、横剖线在选取截交平面时,命令行中第二行分别采用"Y 4.2""Z 1.0""X 28.0"这样的格式,对应第三行起头则分别为 "XZ""XY""YZ"。

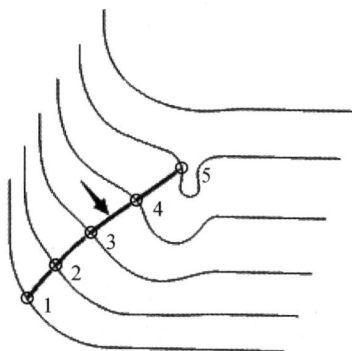

图 6 – 11　水线

6.2.3　交点附加条件

在 COMPASS 几何建模的过程中,如双艉线型建模时,经常出现两条交叉的曲线有不止一个交点的情况,或者是一条曲线与某个剖切面出现不止一个交点的情况。这个时候,就需要用"附加条件"的方式让 COMPASS 软件自动匹配满足条件的"点"。

附加条件的方式很灵活,可以是 X、Y、Z 中的某一个选项等于一个指定的坐标值,也可以是某一个选项大于或小于一个指定的坐标值。无论是什么附加条件,务必保证满足此条件的点唯一。

例如,曲线 C1 与圆 C3 有两个交点,分别为点 B 和点 C,如图 6 – 12 所示。其中曲线 C1 在 6.1.1 节中已经定义过,圆 C3 的命令如下:

ELLIPSE C3

Z 0

CENTER (3.0 4.0)

R 1.0

OK

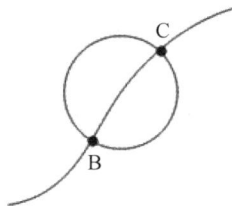

图 6 – 12　交点

从命令行第 3 行参数可知,圆心的坐标为(3 4 0),即圆心 X 坐标值为 3,Y 坐标值为 4。在 XY 坐标系内,可以用"C1/C3/X < 3"来确定 B 点,其中"C1/C3"表示这两条曲线的交点、"/X < 3"为附加条件,显然 B 点是满足 X 坐标值小于 3 的唯一交点。同理,另一个交点 C 可以用"C1/C3/X > 3"来指定。

思考一下,可以用 Y 坐标值作为附加条件来确定 B 点和 C 点吗?

最后,在应用"交点附加条件"方法时需要注意以下几点:

(1)一个点附加条件选项只允许有一个,不允许多个选项并列。

(2)附加条件与交点紧密相连,不需要空格分隔,即"C1/C3/X < 3",不是"C1/C3　/X < 3"。

(3)这一方法不仅适用于平面曲线,同样适用于空间线,也适用于线与面的交点。

6.3　线的特性定义

6.3.1　曲线特征

船体型线是由三组剖线的投影以及外形轮廓投影而成,其中横剖线、水线、纵剖线(含中纵剖线)均为平面线,在 COMPASS 程序中也称作单向投影线。它们中的每一条线都在某一特定的平面中,只有二维的曲度变化,在型线图的曲线中占绝大多数。甲板边线、舷墙顶线这一类属于三维曲度变化,称之为空间线。

6.3.2　曲线点的顺序号

对于每一条线段,不管是平面线段还是空间线段总是由 N 个点按照从头到尾的顺序光顺连接而成,在 COMPASS 程序中,把构成该线段的每一个点按照排列顺序予以编号,依次为第 1 个点,第 2 个点,第 3 个点,……,倒数第 2 个点,倒数第 1 个点,对应序列号为 1,2,3,…, – 2, – 1。例如,某曲线的名称为 S18,它由 10 个点依次光顺连接而成,规定第 1 个点表示为 S18/n = 1,第 3 个点表示为 S18/n = 3,第 5 个点表示为 S18/n = 5,第 9 个点表示为 S18/n = 9,第 10 个点表示为 S18/n = 10。

为了便于建模连线找点,COMPASS 程序也给予确定线段最末点、倒数第 2 个点、倒数第 3 个点……的定义方法,即分别为 S18/n = – 1、S18/n = – 2、S18/n = – 3……至于是按顺序选点,还是按逆序选点,两种方法都是可行的,要根据不同情况来选择最简便的方式,下面举例说明。

例1 定义船底中纵剖线。

在6.1.4节中已知的一组横剖线中,观察每个横剖线的坐标值,可以看出每一条横剖线第1个点都是船中起始,依次排列若干点后终止于甲板边线。因此,若定义船底中纵剖线,可依次拾取S0、S1、S2、S3、S4、S5线段的第1个点,命名中纵剖线的名称为Aft_CL,则命令行如下:

CURVE Aft_CL

Y 0

XZ S5/n = 1 S4/n = 1 S3/n = 1 S2/n = 1 S1/n = 1 S0/n = 1

OK

执行命令,在显示窗口生成船底中纵剖线Aft_CL,即图6-13中箭头所示曲线。

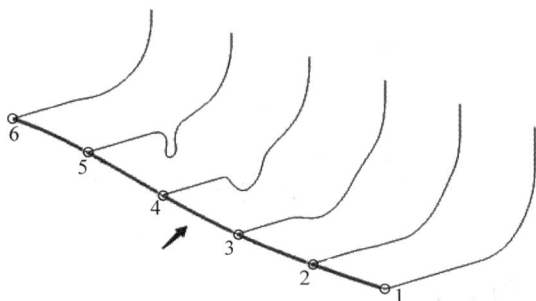

图6-13　船底中纵剖线

例2 定义甲板边线。

若定义甲板边线,显然依次拾取S0、S1、S2、S3、S4、S5线段的最末点更为方便,命名甲板边线的名称为Aft_DL,则命令行如下:

CURVE Aft_DL

XYZ S5/n = −1 S4/n = −1 S3/n = −1 S2/n = −1 S1/n = −1 S0/n = −1

执行命令,在显示窗口生成甲板边线Aft_DL,即图6-14中箭头所示曲线。

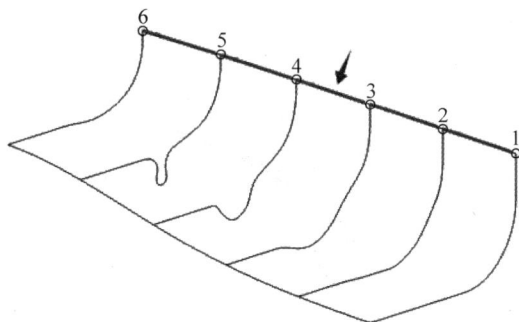

图6-14　甲板边线

例 3　定义折角线。

若定义舷侧的折角线,显然依次拾取 S0、S1、S2、S4 线段的倒数第 2 个点更为方便,当然前提是在定义 S0、S1、S2 横剖线时,倒数第 2 个点均是折角点,命名折角边线的名称为 Aft_angleline,则命令行如下:

CURVE Aft_angleline

XYZ S4/n = −2 S3/n = −2 S2/n = −2 S1/n = −2 S0/n = −2

执行命令,在显示窗口生成折角线 Aft_angleline,即图 6 − 15 中箭头所示曲线。

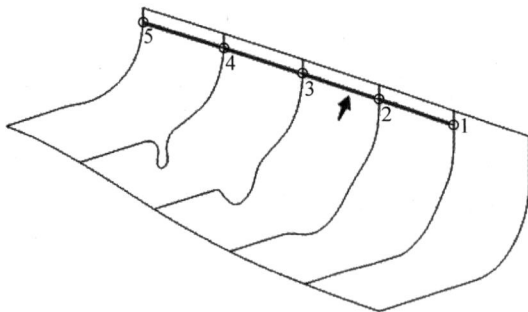

图 6 − 15　折角线

6.3.3　切入角与切出角

为了精确定义、调控平面线,COMPASS 软件对于生成平面线上的点定义了切入角和切出角。对于线段的起点,只有切出角;对于线段的末点,只有切入角;线段中间的点既可以有切入角,也可以有切出角。

下面以一条平面曲线为例来描述什么是点的切入角与切出角。

图 6 − 16 是一条由 5 个控制点确定的平面曲线 C4,点的顺序依次为 P1、P2、P3、P4、P5,即 P1 为起始点,P5 为末点,其余点为中间类型的点。

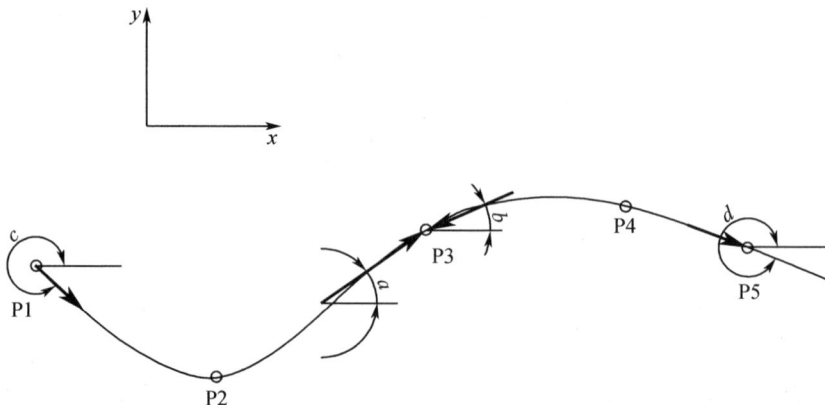

图 6 − 16　点的切入角与切出角

对于中间类型的点,如 P3,∠a 为该点的切入角,∠b 为该点的切出角。对于起点 P1 而言,该点没有切入角,只有 ∠c 为该点的切出角。对于末点 P5 而言,∠d 为该点的切入角,但是该点没有切出角。

切入角和切出角角度的单位为度,角度值以该曲线所在平面的坐标系为依据,角度范围[0,360)。

下面以示例的方式介绍在 COMPASS 软件中切入角和切出角的表达方式:

CURVE C4

Z 2

XY P1 /300 P2 45/ P3 /30 P4 330/ P5

注意:(1)"数字/"为切入角,在该点的前面;"/数字"为切出角,在该点的后面。

(2)符号组与点表达式之间必须有空格或者逗号分隔。

(3)只适用于平面曲线,不适用于空间线。

按照这样的规定,解读上述命令行第3行,其表达的意思是:P1 的切出角是 300°,P2 的切入角是 45°,P3 的切出角是 30°,P4 的切入角是 330°。

通过调整平面线上控制点的切入角或切出角,可以在不改变控制点坐标的情况下,达到改变曲线走向的目的。在 COMPASS 建模过程中,合理恰当地运用切入角或切出角等手段,对于实现型线调整以及船体型表面的光顺尤其重要。

6.3.4　折角点

一条曲线如果在其中某一点 P_i 处线段不再保持光顺而产生拐点,则称 P_i 为折角点。在 COMPASS 软件中定义曲线时,在点 P_i 的后面插入"/ - "这样一组符号,即表示线段在该点有折角。折角点这样的表达方法既适用于平面线,也适用于空间线。

一条曲线如果其中任意相邻的两点 P_i 和 P_{i+1} 是直线相连,那么在 COMPASS 软件中定义曲线时,就需要在点 P_i 和 P_{i+1} 的后面分别插入符号"/ - ",表达这两点之间是直线段。

结合前面学习的切入角和切出角,以 1 000 t 多用途船型线图中 1.5 号站横剖线 S1.5 为例,从型值点(见附录 F 中的型值表)生成曲线 S1.5_1,然后根据 CAD 横剖线图(图 6 - 17)的特征,逐步增加一些特殊控制命令,依次生成新的曲线 S1.5_2、S1.5_3、S1.5_4、S1.5_5,最终使得 COMPASS 软件所生成的图线与 CAD 图线几乎完全一致。仔细观察这组横剖线的变化,从而快速领悟这些控制命令使用的方法和效果。

横剖线 S1.5_1 从型值点生成曲线,命令行如下:

CURVE S1.5_1

X $1.5

YZ (00.97)(2.246 0.97)(2.463 0.90)(2.681 0.45)(3.0 0.227)(3.327 0.45)(3.404 0.9)(3.911 1.35)(4.2 1.495)(4.692 1.8)(5.191 2.7)(5.262 3.139)(5.262 3.539)

OK

执行命令,在显示窗口生成 S1.5_1 横剖线,如图 6 - 18 所示。比较图 6 - 18 与图 6 - 19 中的 1.5 号站横剖线,差距很大,下面依据 CAD 图线来分析该横剖线,并用适当的命令强制 COMPASS 图线逼近设计图线。

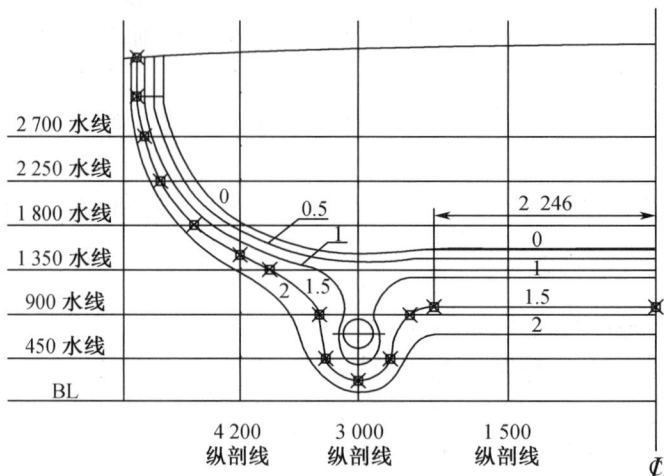

图6-17 横剖线图

注:BL 为基线,₵为船中线。

这样新的横剖线 S1_2 的命令行修改为:

CURVE S1.5_2

X ＄1.5

YZ（00.97）（2.246 0.97）/0（2.463 0.90）（2.681 0.45）0/（3.0 0.227）/0（3.327 0.45）（3.404 0.9）（3.911 1.35）（4.2 1.495）（4.692 1.8）（5.191 2.7）（5.262 3.139）/ –（5.262 3.539）

执行命令,在显示窗口生成新的横剖线 S1.5_2,如图 6-19 所示,比较接近 CAD 图的线型。

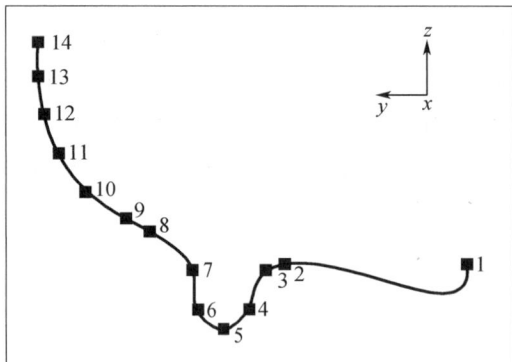

图6-18 S1.5_1横剖线

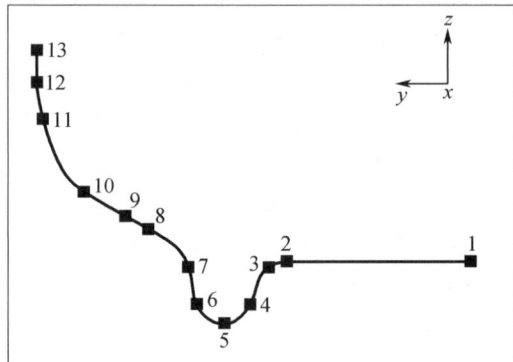

图6-19 S1.5_2横剖线

图 6-19 中第 1 点与第 2 点应该是平直船底线,参照图中 XY 轴的方向可知第 2 点的切出角应为 0°,即在第 2 点的后面增加切出角符号"/0";双艉的最低点(第 5 点)为双艉曲面左右两边的光滑分界点,该点的切入角和切出角均为 0°,即在第 5 点的前后分别增加切入角"0/"和切出角符号"/0";在 CAD 图中,横剖线最高一段为平直线,即第 12 点应为折角点,故在第 12 点的后面增加折角符号"/ –"。

6.4 平面与曲面特性定义

6.4.1 平面的特性

在船体型线图中横剖线、水线、纵剖线都是平面线,它们分别由横截面、水平面和纵剖面与船体型表面截交而成。在 COMPASS 软件中采用一种非常简洁的方式来表达这些平面,见表 6-1。

表 6-1 COMPASS 软件中的平面表示方法

序号	位置	表达式
1	500 水线面	Z 0.5
2	1 000 纵剖面	Y 1.0
3	距原点 10 m 的横剖面	X 10.0

这类平面在模型中没有实体,类似于透明平面,只是用来描述这条平面线上所有的点具有一个共同的维度,譬如在 6.2.2 节中定义艉部 1 000 mm 水线即 Aft_1000WL 曲线的命令流中,其中第二行就是"Z 1.0",这里就相当于定义了一个距基线面高度为 1.0 m 的虚拟平面。注意命令行中是"Z 1.0",而不是"Z=1.0"。

还有一种情况,当这些虚拟平面作为"附加条件"应用时,其格式如下:如果要确定水线"Aft_1000WL"上一个距离原点为 3.2 m 处的点,就可以用表达式"Aft_1000WL/X = 3.2";如果要确定其在 3 号站位的点,则表达式为"Aft_1000WL/X = $3";如果要确定其在 12#肋位处的点,则表达式为"Aft_1000WL/X = #12"。其余依此类推。

当然若想定义一个实体型的平面,也是很容易做到的,可以参考下 6.4.2 节内容。

6.4.2 曲面的特性

在 COMPASS 软件中曲面的创建方式有网格线、单向放样、扫掠、旋转管道、球面等几种方法,其中网格线方法适用范围最广。

所谓网格线就是由一组外围闭合、内部相互交织的曲线所形成的网格,这些网格尽量采用四边形,特殊情况下可用极少量的三角形。在定义线段时,网格线中凡彼此相交的两条线或多条线之间,每一个节点处必须是真实的交点。确保真正交点的方法有两种,一种是让这些线在交叉节点处通过"同一个空间点";另一种是定义线段时在已有线段的基础上截取系列点成线,这些由系列截取点组成的线肯定与原有曲线拥有真正的交点。特别是第二种方法,在 COMPASS 曲面建模时广泛采用,它具有简单、快捷的优点,且线与线之间逻辑关系清晰明了。

参见第 7 章 7.3 中曲线"CURVE Aft_WL700_1""CURVE Aft_WL700_2"的命令流,体会截取生成曲线的方法,进而体会由原横剖站线与新截取的若干组水线构成的实实在在的网格曲面。

第7章 船壳建模实例

7.1 建模流程

7.1.1 概述

通过前面几章的学习,大家已经熟悉了 COMPASS 软件的界面,初步掌握了"点""线""面"的建模方法和基本技巧,建议大家多多学习并使用"命令流"的方式来建模。

为了便于读者全面学习和掌握建模的理念和方法,本章就以 1 000 t 多用途船为例,完整地展现该船建模的全部过程。需要说明的是:建模的方法并不是唯一的。本章介绍的建模方法,仅仅是抛砖引玉,学习者开始可以模仿教材的建模方式,以后可以自己尝试不同的方法来建模。

1 000 t 多用途船的建模所需资料,详见附录 E 总布置图、附录 F 型线图(包含型值表),COMPASS 建模和计算所需要的基础信息均来源于此。

7.1.2 基本方法

COMPASS 建模过程是分阶段完成的,第一阶段是初始设置,在这里创建船舶项目文件,输入船舶的主要要素、肋位信息、站位信息等;第二阶段是几何建模,对于大型船舶或者复杂的线型,通常按艏段、艉段和平行中体 3 部分单独定义型线,调试并完成几何曲面建模;第三个阶段是船壳建模,即把前面建好的艏、舯、艉几何模型转换成船壳主体模型。

在船壳主体模型下,依据总布置图的舱室划分信息,运用 COMPASS 软件提供的生成舱室命令,就可以完成船舶模型单元体、分舱和附体的定义,最终完成全部的建模工作。关于舱室建模的定义规则,详见本书的第 8 章。

以上是船舶型线建模的基本方法,其中几何建模是核心和重难点,对于有双艉、球鼻艏等复杂曲面的型线建模,往往需要反复尝试多种辅助建模方法才能成功,在这种情况下,把几何建模划分为艏、舯、艉 3 个独立段分别建模是很有效的方法,一旦在建模过程中出现曲面异常或者死机等问题的时候,只需在该分段的范围查找分析原因,而不需要在全船范围内检查,从而极大地减少了人工建模调试的难度,也避免了每次调试时计算机都要进行大量重复的计算,大大提高了建模效率。

当然,对于中小型船舶或者简单型线船舶的建模,在几何建模阶段可以只划分为艏段和艉段,甚至直接全船几何建模也是可行的,并非一定要求遵循某个固定模式,请大家在实际建模工作中慢慢体会。

7.2 初 始 设 置

7.2.1 新建文件和船舶信息输入

1.新建文件

打开 COMPASS 软件界面,系统默认在 几何 工作空间,点击主菜单"文件"的下拉菜单中的"新建",开始一个新的建模项目。然后点击主菜单"船舶",它有 3 个子菜单,依次在对应表格中填入"工程信息""主要要素""船体标尺"。

(1)工程信息(图 7-1)。

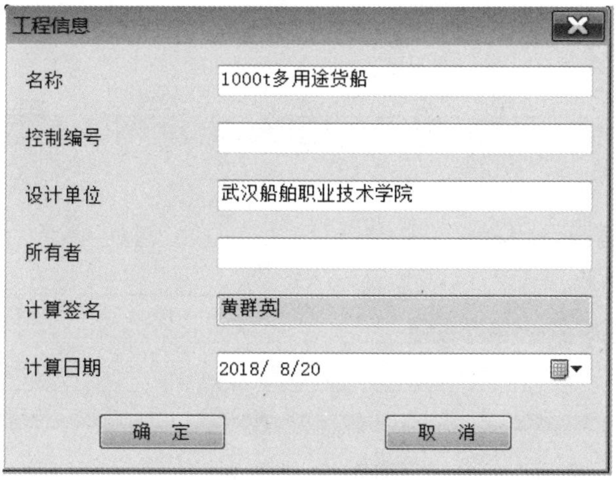

图 7-1 工程信息

(2)主要要素。

船舶类型:散货船;如果是自航船,则在"自航船"前面的方框内用鼠标勾选。

航区、航段:根据船舶设计航行的实际航段填写,本船为 B 级航区(非 J 级航段)。

在建模阶段,以上选项并非必须填写,它们不影响建模,仅表达船舶信息的完整程度。

其他主要要素,如规范船长、垂线长度、船宽、型深、吃水等按船舶总布置图和型线图中的船舶尺度填写,其中有些选项的数据如果不填,系统默认为"0",也同样不影响建模。本船主要尺度信息如图 7-2 所示。

(3)船体标尺。

①肋位表:本船0#肋位位于 X 轴坐标原点位置(即艉垂线所在位置),因本船的肋位间距是变化的,依次分为 3 段输入,即艉段 -4# ~ 20#,肋距为 0.50 m;舯段 20# ~ 92#,肋距为 0.65 m;艏段 92# ~ 105#,肋距为 0.50 m。如图 7-3 所示。

②站位表:本船艉垂线位于 X 轴坐标原点位置,从型线图可知本船型线图的站位号依次是 0 站、0.5 站、1 站、1.5 站、2 站、2.5 站、3 站、4 站……17 站、17.5 站、18 站、18.5 站、19 站、19.5 站、20 站位。把各站位距原点(0 站)的间距依次对应输入到对话框中,确认无误后,点击"确定"。站位表如图 7-4 所示。

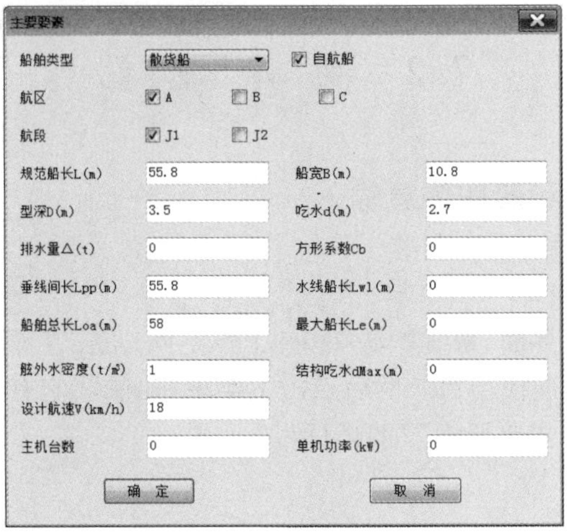

图7－2 主要要素

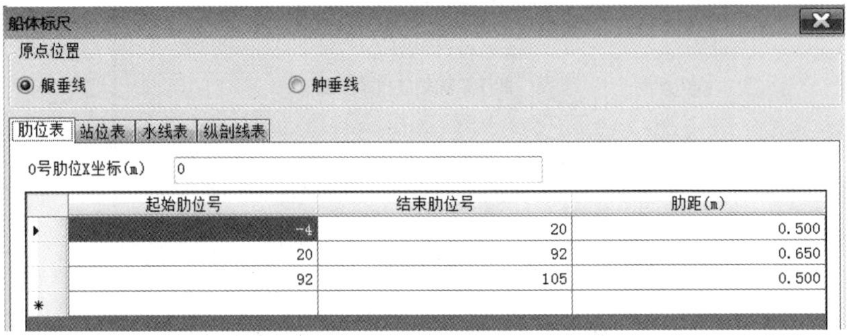

图7－3 肋位表

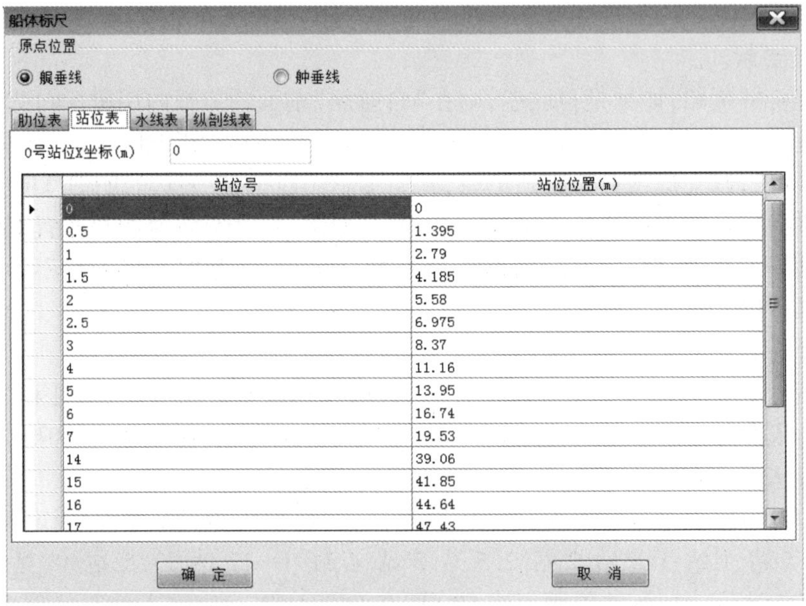

图7－4 站位表

③水线表和纵剖线表:水线表和纵剖线表的输入方式与前述表格的方法相同,水线是以基线面为起点,纵剖线是以中纵剖面为起点,分别输入对应的距离。

本船建模并没有定义水线和纵剖线,这两个表格为空缺,但并不影响建模工作。

2. 保存文件

完成"船舶信息"的工作后,就可以保存文件了。在主菜单"文件"的下拉菜单中点击"保存",屏幕会弹出"保存"子菜单,在"文件名"方框中输入该项目的文件名称"1 000 t 多用途船20180820",最上方的方框是文件保存的磁盘位置和文件夹,均可以自己选定。最后点击下方的"保存"即可。文件保存如图 7 - 5 所示。

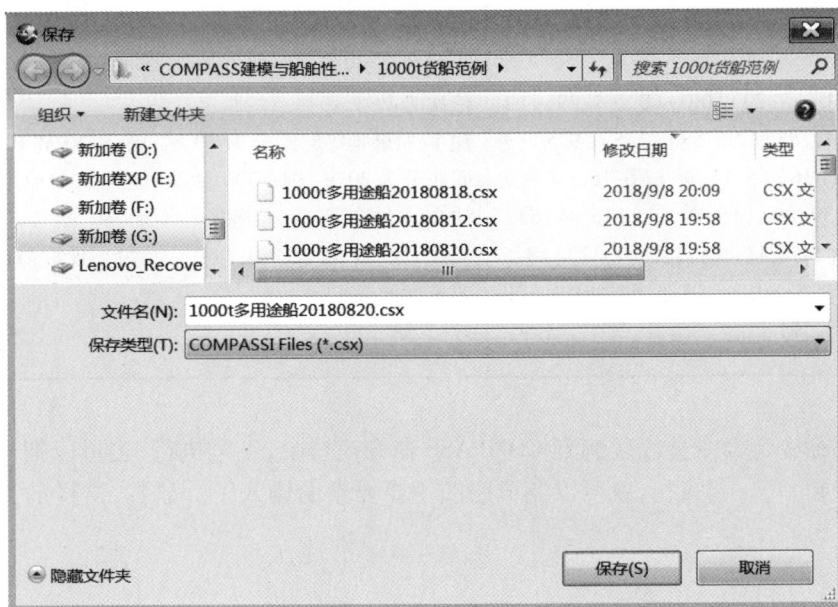

图 7 - 5　文件保存

7.2.2　命令流输入船舶信息

命令流输入船舶信息见表 7 - 1。

表 7 - 1　命令流输入船舶信息

命令流	释义
！主尺度	"！"所在行为注释行,程序不执行
MAINPRINCIPLE	"主尺度"命令
LPP 55.8	垂线长
LBD 55.8 10.8 3.5	垂线长、型宽、型深
T 2.7	吃水
DSPL 0	排水量
CB 0	方形系数

表 7 – 1(续)

命令流	释义
HULLCOORD ORG – 1 FR0X 0 FRSPACE（ – 4 20 0.5）（20 92 0.56）（92 105 0.5）	坐标原点的位置选取命令 " – 1"代表艉垂线 0#肋位位置命令，"0"表示与原点的距离为 0 肋距分配命令，括号中数值分别代表艉肋位、艏肋位、肋距
ST0X 0 STNUM 0 STADD（ – 1 – 2.79）（0 0）（0.5 1.395）（1 2.79）（1.5 4.185）（2 5.58）（2.5 6.975）（3 8.37）（4 11.16）（5 13.95）（6 16.74）（7 19.53）（14 39.06）（15 41.85）（16 44.64）（17 47.43）（17.5 48.825）（18 50.22）（18.5 51.615）（19 53.01）（19.5 54.405）（20 55.8）（21 58.59）	0 号站位置命令，"0"表示与原点的距离为 0 分站数量，仅等间距时有效，非等间距为"0" 依次为站号、距原点的距离。 注 1：如果是等间距分为 10 站，则：STNUM 10；如果是等间距分为 20 站，则：STNUM 20；此时 STADD 可空缺。 注 2：首端和尾端必须各额外增加一个站号，以覆盖全船长度，见（21 58.59）和（ – 1 – 2.79）；计算静水力稳性时要求如此设定

把上述命令流命令分段复制到 COMPASS 命令窗口中，逐段执行，也可以把全部的命令复制到命令窗口，一起执行，就可以完成船舶主要要素的输入了。显然，这样的方法更加简便快捷。

7.3 艉 段 建 模

7.3.1 艉部三维型线命令流

1. 艉部横剖线

本船型线从 7 号站至 14 号站是平行中体，因此选择艉段从 7 号站至船尾，艏段从 14 号站至船首。艉部命令流如下：

！ ＊

！7 号站横剖线

CURVE S7

X $7

YZ（0 0）（3.45 0）/0（4.2 0.134）（4.736 0.45）（5.14 0.9）（5.353 1.35）（5.4 1.8）/ 90（5.4 2.7）（5.4 3.5）

！6 号站横剖线

CURVE S6

X $6

YZ（0 0）（3.45 0）/0（4.2 0.137）（4.729 0.45）（5.13 0.9）（5.341 1.35）（5.398 1.8）

（5.4 2.7）/90（5.4 3.5）

！5 号站横剖线

CURVE S5

X $5

YZ（0 0）（3.45 0）/0（4.2 0.165）（4.626 0.45）（5.008 0.9）（5.236 1.35）（5.365 1.8）（5.4 2.7）/90（5.4 3.5）

！4 号站横剖线

CURVE S4

X $4

YZ（0 0.043）（1.5 0.043）/0（2.53 0）/0（3.394 0）/0（4.2 0.32）（4.366 0.45）（4.738 0.9）（5.026 1.35）（5.27 1.8）（5.37 2.235）（5.398 2.7）（5.4 3.103）/−（5.4 3.503）

！3 号站横剖线

CURVE S3

X $3

YZ（0 0.24）（1.876 0.24）/0 0/（3.0 0.014）/0（3.934 0.45）（4.317 0.9）（4.736 1.35）（5.12 1.8）（5.304 2.235）（5.375 2.7）（5.395 3.106）/−（5.395 3.506）

！2.5 号站横剖线

CURVE S2.5

X $2.5

YZ（0 0.428）（2.024 0.428）/0 0/（3.0 0.04）/0（3.713 0.45）（4.034 0.9）（4.535 1.35）（5.0 1.8）（5.232 2.235）（5.335 2.7）（5.372 3.11）/−（5.372 3.51）

！2 号站横剖线

CURVE S2

X $2

YZ（0 0.691）（2.174 0.691）/0（2.485 0.45）0/（3.0 0.108）/0（3.514 0.45）（3.7 0.9）（4.262 1.35）（4.855 1.8）（5.132 2.235）（5.268 2.7）（5.324 3.121）/−（5.324 3.521）

！1.5 号站横剖线

CURVE S1.5

X $1.5

YZ（0 0.97）（2.246 0.97）/0（2.463 0.90）（2.681 0.45）0/（3.0 0.227）/0（3.327 0.45）（3.404 0.9）（3.911 1.35）/20（4.2 1.495）（4.692 1.8）（5.025 2.235）（5.191 2.7）（5.262 3.139）/−（5.262 3.539）

！1 号站横剖线

CURVE S1

X $1

YZ（0 1.267）（2.265 1.267）/0（2.763 1.1）（2.845 0.90）（2.861 0.45）0/（3.0 0.388）/0（3.142 0.45）（3.15 0.9）（3.44 1.35）/20（4.2 1.642）（4.508 1.8）（4.905 2.235）（5.103 2.7）（5.184 3.157）/−（5.184 3.557）

！0.5 号站横剖线

CURVE S0.5

X $0.5

YZ（0 1.466）（2.206 1.466）/0 0/（3.0 1.415）/0（4.318 1.8）（4.784 2.235）（5.003 2.7）（5.092 3.177）/ - （5.092 3.577）

！0 号站横剖线

CURVE S0

X $0

YZ（0 1.564）（2.131 1.564）/0 0/（3.0 1.502）/0（4.151 1.8）（4.663 2.235）（4.898 2.7）（4.99 3.197）/ - （4.99 3.597）

！艉封板线

CURVE Aft_wfbline

X - 1.550

YZ（0 1.645）（2.067 1.645）/0 0/（3.0 1.573）/0（4.015 1.8）（4.56 2.235）（4.788 2.7）（4.872 3.218）/ - （4.872 3.618）

！ ＊

执行以上命令流,COMPASS 软件在对象窗口和图形输出窗口分别批量生成艉部横剖线的图元名称和图线,如图 7 - 6 所示。

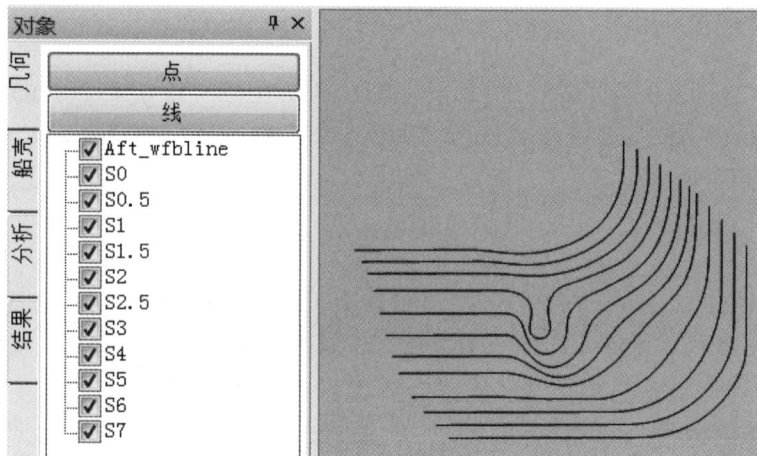

图 7 - 6　艉部横剖线图(1)

2. 艉部甲板梁拱线

艉部甲板梁拱线命令流如下:

！ ＊

！7 号站甲板梁拱

PARABOLA Camber7

DP S7/n = - 1

BfY 10.8 0.15

！5 号站甲板梁拱

PARABOLA Camber5

DP S5/n = −1

BfY 10.8 0.15

！3 号站甲板梁拱

PARABOLA Camber3

DP S3/n = −1

BfY 10.8 0.15

！1 号站甲板梁拱

PARABOLA Camber1

DP S1/n = −1

BfY 10.8 0.15

！艉封板线甲板梁拱

PARABOLACamber_wfb

DPAft_wfbline/n = −1

BfY 10.8 0.15

！＊＊＊＊＊＊＊＊＊＊＊＊＊＊＊＊＊＊＊＊＊＊＊＊＊

执行以上命令流,COMPASS 软件在对象窗口和图形输出窗口分别批量新增对应横剖线处的甲板梁拱线图元名称和图线,如图 7－7 所示。

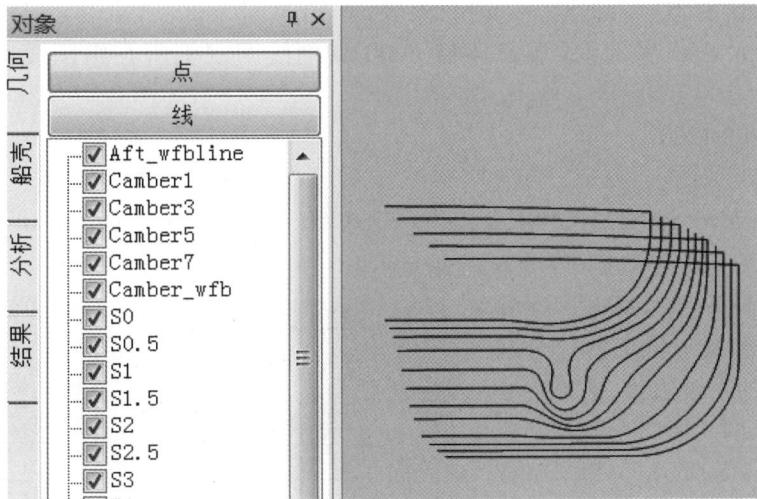

图 7－7　艉部横剖线图(2)

为了便于将来构造甲板面,艏分段的首端和艉分段的尾端梁拱线必须定义,中间各站位的梁拱线适当定义几个就可以了,不需要把每条横剖线的梁拱线都定义出来,这样处理能够减少计算机的运算量,提高建模效率。

3.艉部甲板边线、甲板中心线、折角线及纵剖线

艉部甲板边线、甲板中心线、折角线及纵剖线命令流如下:

！＊＊＊＊＊＊＊＊＊＊＊＊＊＊＊＊＊＊＊＊＊＊＊＊＊

！甲板边线

CURVE Aft_DL

XYZ S7/n = −1 S6/n = −1 S5/n = −1 S4/n = −1 S3/n = −1 S2.5/n = −1 S2/n = −1 S1.5/n = −1 S1/n = −1 S0.5/n = −1 S0/n = −1 Aft_wfbline/n = −1

！甲板中心线

CURVE Aft_DCL

Y 0

XZ camber7 camber5 camber3 camber1 camber_wfb

！折角线

CURVE Aft_angleline

XYZ S4/n = −2 S3/n = −2 S2.5/n = −2 S2/n = −2 S1.5/n = −2 S1/n = −2 S0.5/n = −2 S0/n = −2 Aft_wfbline/n = −2

！艉部中纵剖线

CURVE Aft_CL

Y 0

XZ S7 S6 S5 S4 S3 S2.5 S2 S1.5 S1 S0.5 S0 Aft_wfbline / − Camber_wfb

！艉部距舯 1500 纵剖线

CURVE Aft_L1500

Y 1.5

XZ S7 S6 S5 S4 S3 S2.5 S2 S1.5 S1 S0.5 S0 Aft_wfbline / − Camber_wfb

！艉部距舯 4200 纵剖线（艉部距舯 3000 纵剖线即双艉所在纵剖线留待一步定义生成）

CURVE Aft_L4200

Y 4.2

XZ S7 S6 S5 S4 S3 S2.5 S2 S1.5 S1 S0.5 S0 Aft_wfbline / − Camber_wfb

！＊＊＊＊＊＊＊＊＊＊＊＊＊＊＊＊＊＊＊＊＊＊＊

执行以上命令流，COMPASS 软件在对象窗口和图形输出窗口分别批量新增相应的甲板边线、甲板中心线、折角线及纵剖线的图元名称和三维图线，如图 7 - 8 所示。（为了节省篇幅，本次及后续截图均省略对象图元部分的截图。）

4. 双艉部纵剖线、双艉端封板及加密辅助线

艉部双艉部纵剖线、双艉端封板及加密辅助线命令流如下：

！＊＊＊＊＊＊＊＊＊＊＊＊＊＊＊＊＊＊＊＊＊＊

！艉轴端封圈,这里是整圆

ELLIPSE Aft_shaft

X 1.60

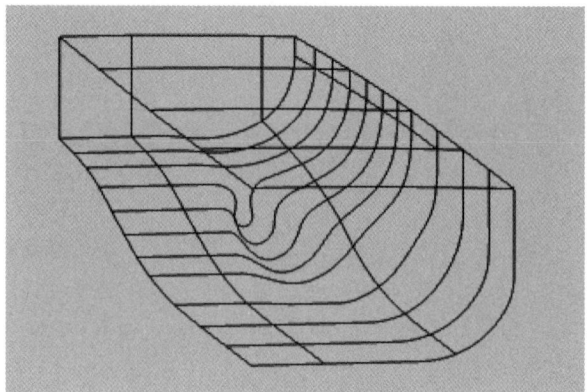

图 7 - 8　艉部三维型线图(1)

CENTER（3.0 0.7）

R 0.15

！艉部距舯 3000 纵剖线（双艉纵剖面）

CURVE Aft_L3000

Y 3.0

XZ S7 S6 S5 S4 S3 S2.5 S2 S1.5 S1 Aft_shaft/Z＜0.7／－　90/ Aft_shaft/Z＞0.7 /5
(1.794 0.9)（1.935 1.145）（1.669 1.35）S0.5 /175 S0 Aft_wfbline／－ Camber_wfb

！增加水平的网格线

！艉轴处双艉水平辅助线,艉轴出口距基线高度 700 mm

！700 水线外侧

CURVE Aft_WL700_1

Z 0.7

XY S2/Y＞3 S1.5/Y＞3 S1/Y＞3　180/ Aft_shaft/Y＞3

！700 水线内侧

CURVE Aft_WL700_2

Z 0.7

XY S1.5/Y＜3 S1/Y＜3　180/ Aft_shaft/Y＜3

！900 水线外侧

CURVE Aft_W900_1

Z 0.9

XY Aft_L3000 /90 (1.819 3.025)（2.0 3.068）　S1/Y＞3 S1.5/Y＞3 S2

！900 水线内侧

CURVE Aft_W900_2

Z 0.9

XY Aft_L3000 /270 (1.819 2.975)（2.0 2.932）S1/Y＜3 325/ S1.5/Y＜3

！1145 水线外侧

CURVE Aft_W1145_1

Z 1.145

XY Aft_L3000 /90 (1.955 3.025)（2.3 3.13）S1/Y＞3 S1.5/Y＞3 S2/Y＞3

！1145 水线内侧

CURVE Aft_W1145_2

Z 1.145

XY Aft_L3000 /270 (1.955 2.975)（2.3 2.87）340/ S1/Y＜3

！距原点 1794 mm 双艉外侧横剖线

CURVE Aft_AUX_X1794_1

X 1.794

YZ Aft_L3000/N＝12 /0 Aft_WL700_1 180/ Aft_L3000/Z＜0.7

！距原点 1794 mm 双艉内侧横剖线

CURVE Aft_AUX_X1794_2

X 1.794

YZ Aft_L3000/N = 12 /180 Aft_WL700_2 0/ Aft_L3000/Z < 0.7

！解决五边形,直接做辅助线！

CURVE Aft_1

XYZ S1/Aft_W1145_1 S0.5/Y = 3.194

CURVE Aft_2

XYZ S1/Aft_W1145_2 S0.5/Y = 2.72

！ *

执行以上命令流,COMPASS 软件在对象窗口和图形输出窗口分别批量新增相应的艉部双艉部纵剖线、双艉端封板轮廓线及加密辅助线的图元名称和图线,如图 7-9 所示。

细心的读者会发现在这个三维型线图中,几乎没有定义型值表中对应的每一条水线,COMPASS 软件其实并不需要定义全部的型线。在定义上述型线时尽量避免出现三角形网格,能够让现有的三维线型顺利地围成光顺的船体几何曲面就行。至于那些加密线的位置,选取

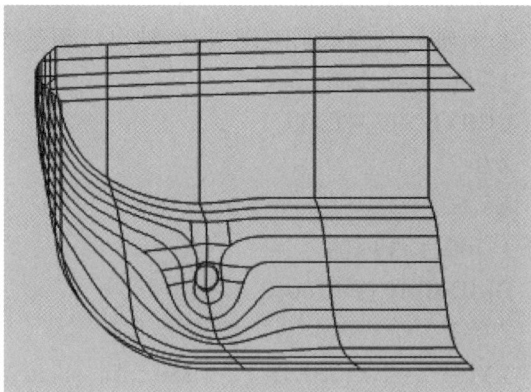

图 7-9 艉部三维型线图(2)

的原则就是最大限度地反映曲面变化特征的位置。另外在建模的每一个阶段都要注意保存文件,或者另存文件。

7.3.2 艉部几何曲面生成

在 7.3.1 节中已经构建了足够的三维型线图元,COMPASS 软件把这些图元用来生成艉部船体几何曲面,其命令流如下:

！ *

SURF A_aft

THR S7 S6 S5 S4 S3 S2.5 S2 S1.5 S1 S0.5 S0 Aft_wfbline Camber7 Camber5 Camber3 Camber1 Camber_wfb Aft_DL Aft_DCL Aft_angleline Aft_CL Aft_L1500 Aft_L4200 Aft_shaft Aft_L3000 Aft_WL700_1 Aft_WL700_2 Aft_W900_1 Aft_W900_2 Aft_W1145_1 Aft_W1145_2 Aft_AUX_X1794_1 Aft_AUX_X1794_2 Aft_1 Aft_2

！ *

执行以上命令流,COMPASS 软件在对象窗口生成面图元 A_aft,在图形输出窗口生成半幅艉部船体三维曲面,如图 7-10 所示。

至此,艉部几何曲面顺利构造完毕,并保存文件"1 000 t 多用途船 20180820. csx"。以上过程看似简单,其实在 7.3.1 节中增加辅助线时,需要一次又一次地生成曲面,并观察曲面哪里出现了问题、哪里需要修改、哪里需要增加辅助线,等等,直到生成光滑的船体曲面为止。特别是对于复杂的线型,需要有足够的耐心和技巧。

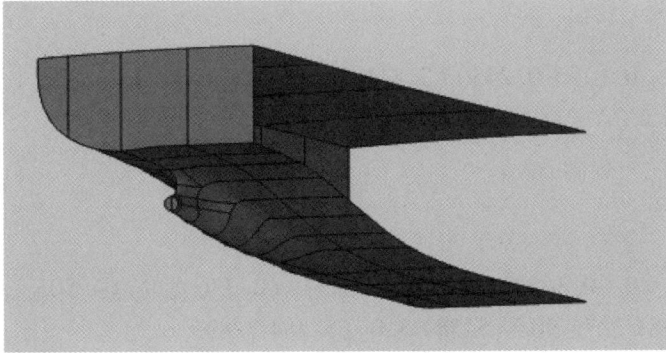

图7-10 艉部三维曲面图

7.4 艉 段 建 模

7.4.1 艉部三维型线命令流

1.艉部横剖线

！＊＊＊＊＊＊＊＊＊＊＊＊＊＊＊＊＊＊＊＊＊＊＊＊＊＊

！艉部横剖线

CURVE S14

X $14

YZ (0 0)(3.45 0) /0 (4.2 0.134)(4.736 0.45)(5.14 0.9)(5.353 1.35)(5.4 1.8) /

90 (5.4 3.5)

CURVE S15

X $15

YZ (0 0)(3.368 0) /0 (4.2 0.167)(4.668 0.45)(5.112 0.9)(5.338 1.35)(5.396

1.8)(5.4 2.225) /90 (5.4 3.545)

CURVE S16

X $16

YZ (0 0)(2.347 0) /0 (4.2 0.305)(4.481 0.45)(5.015 0.9)(5.268 1.35)(5.381

1.8)(5.4 2.25) /90 (5.4 3.617)

CURVE S17

X $17

YZ (0 0.05) /0 (1.5 0.064)(3.0 0.249)(3.719 0.45)(4.66 0.9)(5.132 1.35)

(5.324 1.8)(5.39 2.25)(5.4 2.7) /90 (5.4 3.711)

CURVE S17. 5

X $17. 5

YZ (0 0. 198) /0 (1. 5 0. 245) (2. 811 0. 45) (4. 21 0. 9) (4. 936 1. 35) (5. 225 1. 8) (5. 355 2. 25) (5. 4 2. 7) /90 (5. 4 3. 761)

CURVE S18

X $18

YZ (0 0. 448) /0 (0. 365 0. 45) (1. 5 0. 534) (3. 376 0. 9) (4. 503 1. 35) (5. 037 1. 8) (5. 285 2. 25) (5. 381 2. 7) 90/ (5. 384 3. 0) (5. 384 3. 83)

CURVE S18. 5

X $18. 5

YZ (0 0. 785) /0 (1. 609 0. 9) (3. 0 1. 171) (3. 615 1. 35) (4. 614 1. 8) (5. 112 2. 25) (5. 338 2. 7) (5. 350 2. 850) 90/ (5. 357 3. 187) (5. 357 4. 289)

CURVE S19

X $19

YZ (0 1. 224) /0 (1. 665 1. 35) (3. 644 1. 8) (4. 63 2. 25) (5. 132 2. 7) (5. 285 3. 37) / 90 (5. 285 4. 32)

CURVE S19. 5

X $19. 5

YZ (0 1. 8) /0 (1. 5 1. 906) (3. 0 2. 139) (3. 45 2. 25) (4. 523 2. 7) (5. 212 3. 58)/ – (5. 212 4. 352)

CURVE S20

X $20

YZ (0 2. 7) /0 (1. 5 2. 748) (3. 0 2. 955) (4. 2 3. 245) (5. 12 3. 875)/ – (5. 12 4. 382)

！艏封板线
CURVE Bow_sfbline

X 56. 45

YZ (0 3. 67) /0 (1. 5 3. 741) (3. 0 3. 875) (4. 2 4. 014) (4. 795 4. 14)/ – (4. 795 4. 4)

！ ＊＊＊＊＊＊＊＊＊＊＊＊＊＊＊＊＊＊＊＊＊＊＊＊＊

在上述保存过的"1 000 t 多用途船 20180820. csx"运行窗口中继续执行以上命令流，COMPASS 软件在对象窗口生成艏部横剖线图元，并在图形输出窗口生成艏部横剖线，如图 7 - 11 所示。

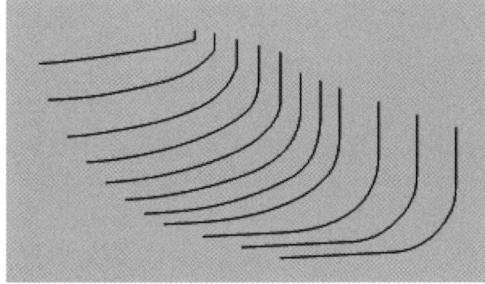

图 7 – 11 艏部横剖线图（1）

2. 艏部甲板梁拱线

艏部甲板梁拱线命令流如下：

! *
! 梁拱
PARABOLA Camber14
DP S14/n = -1
BfY 10. 8 0. 15

PARABOLA Camber16
DP S16/n = -1
BfY 10. 8 0. 15

PARABOLA Camber17. 5
DP S17. 5/n = -1
BfY 10. 8 0. 15

! 台阶甲板处上下梁拱
PARABOLA Camber_FR92_1
DP(50. 32 5. 384 3. 835)
BfY 10. 8 0. 15
PARABOLA Camber_FR92_2
DP (50. 32 5. 384 4. 275)
BfY 10. 8 0. 15

PARABOLA Camber19
DP S19/n = -1
BfY 10. 8 0. 15

PARABOLA Camber20
DP S20/n = -1

BfY 10.8 0.15

PARABOLA Camber_sfb
DP Bow_sfbline/n = -1
BfY 10.8 0.15

！＊＊＊＊＊＊＊＊＊＊＊＊＊＊＊＊＊＊＊＊＊＊＊＊＊

在执行命令流之前,可以先框选艉部分段全部的图元将其隐藏起来,然后再执行以上命令流,COMPASS 软件在对象窗口和图形输出窗口分别批量新增甲板梁拱线图元名称和图线,如图 7-12 所示。

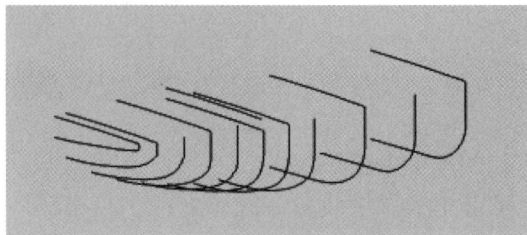

图 7-12　艉部横剖线图(2)

3. 艏部甲板边线、甲板中心线、折角线及纵剖线

艏部甲板边线、甲板中心线、折角线及纵剖线命令流如下:

！＊＊＊＊＊＊＊＊＊＊＊＊＊＊＊＊＊＊＊＊＊＊＊＊＊
！甲板边线
CURVE Bow_DL
XYZ S14/n = -1 S15/n = -1 S16/n = -1 S17/n = -1（48.08 5.4 3.732）S17.5/n = -1 S18/n = -1 Camber_FR92_1/n = 1 / - Camber_FR92_2/n = 1 / - S18.5/n = -1 S19/n = -1 S19.5/n = -1（55.4 5.147 4.371）S20/n = -1 （56.177 5.080 4.394）（56.372 4.996 4.399）Bow_sfbline/n = -1
！甲板中心线
CURVE Bow_DCL
Y 0
XZ Camber14 Camber16 Camber_FR92_1 / - Camber_FR92_2 / - Camber19 Camber20 camber_sfb
！折角线
CURVE Bow_angleline
XYZ S19.5/n = -2 （55.4 5.147 3.757）S20/n = -2 （56.177 5.08 4.02）（56.372 4.996 4.105）Bow_sfbline/n = -2
！艏部中纵剖线
CURVE Bow_CL
Y 0
XZ S14 S15 S16 S17 S17.5 S18 S18.5 S19 S19.5 S20 Bow_sfbline / - Camber_sfb
！艏部距舯 1500 纵剖线
CURVE Bow_L1500
Y 1.5
XZ S14 S15 S16 S17 S17.5 S18 S18.5 S19 S19.5 S20 Bow_sfbline / - Camber_sfb
！艏部距舯 3000 纵剖线

CURVE Bow_L3000

Y 3.0

XZ S14 S15 S16 S17 S17.5 S18 S18.5 S19 S19.5 S20 Bow_sfbline／-Camber_sfb

！艏部距舯 4200 纵剖线

CURVE Bow_L4200

Y 4.2

XZ S14 S15 S16 S17 S17.5 S18 S18.5 S19 S19.5 S20 Bow_sfbline／-Camber_sfb

！＊＊＊＊＊＊＊＊＊＊＊＊＊＊＊＊＊＊＊＊＊＊＊＊＊＊

执行以上命令流,COMPASS 软件在对象窗口和图形输出窗口分别批量新增相应的甲板边线、甲板中心线、折角线及各纵剖线的图元名称和三维图线,如图 7-13 所示。

4. 艏部舷侧水线

艏部舷侧在吃水 2.7 m 处增加一条水线,其命令流如下:

！＊＊＊＊＊＊＊＊＊＊＊＊＊＊＊＊＊＊＊＊＊＊＊＊＊＊

！舷侧水线

CURVE Bow_W2700

Z 2.7

XY S14 S15 S16 S17 S17.5 S18 S18.5 S19 S19.5

！＊＊＊＊＊＊＊＊＊＊＊＊＊＊＊＊＊＊＊＊＊＊＊＊＊＊

执行以上命令流,COMPASS 软件在对象窗口新增图元 CURVE Bow_W2700,并且图形输出窗口新增相应的舷侧水线,如图 7-14 所示。

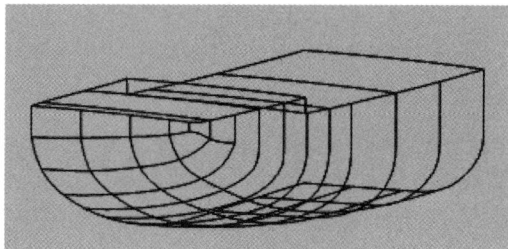

图 7-13　艏部三维线图(1)　　　　图 7-14　艏部三维线图(2)

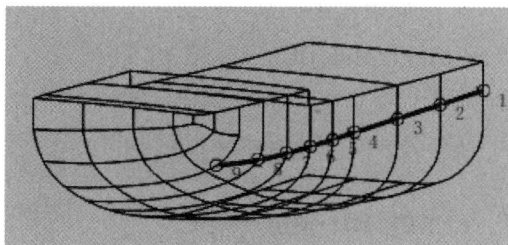

7.4.2　艏部几何曲面生成

在 7.4.1 节中已经完成了艏部三维型线图元,COMPASS 软件把这些图元用来生成艏部船体几何曲面,其命令流如下:

！＊＊＊＊＊＊＊＊＊＊＊＊＊＊＊＊＊＊＊＊＊＊＊＊＊＊

SURF A_bow

THR S14 S15 S16 S17 S17.5 S18 S18.5 S19 S19.5 S20 Bow_sfbline Camber14 Camber16 Camber17.5 Camber_FR92_1 Camber_FR92_2 Camber19 Camber20 Camber_sfb Bow_DL Bow_DCL Bow_angleline Bow_CL Bow_L1500 Bow_L3000 Bow_L4200 Bow_W2700

！＊＊＊＊＊＊＊＊＊＊＊＊＊＊＊＊＊＊＊＊＊＊＊＊＊＊

执行以上命令流,COMPASS 软件在对象窗口生成面图元 A_bow,在图形输出窗口生成半幅艏部船体三维曲面,如图 7-15 所示。

至此,艏部和艉部几何曲面构造完毕,并保存文件"1 000 t 多用途船 20180820. csx"。

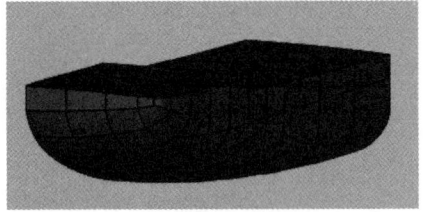

图 7-15　艏部三维曲面图

7.5　中段建模

7.5.1　中部平行中体型线命令流

对于平行中体的型线,只需要定义生成甲板边线、甲板中心线和船底中心线,这 3 条型线与艉段断面剖线和艏段断面剖线一起,COMPASS 很容易把它们围成平行中体的几何曲面。

中部平行中体的型线命令流如下:

```
! * * * * * * * * * * * * * * * * * * * * * * *
! 中部甲板边线
CURVE Mid_DL
XYZ S7/n = -1 S14/n = -1
! 中部甲板中心线
CURVE Mid_DCL
Y 0
XZ Camber7 Camber14
! 中部船底中心线
CURVE Mid_BCL
Y 0
XZ S7 S14
! * * * * * * * * * * * * * * * * * * * * * * *
```

执行命令流,COMPASS 软件在对象窗口新增图元 Mid_DL、Mid_DCL、Mid_BCL,并在图形输出窗口新增对应的甲板边线、甲板中心线和船底中心线,如图 7-16 所示。

7.5.2　中部几何曲面生成

在 7.5.1 节中已经完成了甲板边线、甲板中心线和船底中心线的定义,把 3 条根型线与艉段 7 号站横剖线及梁拱线、艏段 14 号站横剖线及梁拱线一并选中,通过 COMPASS 软件曲面生成命令来完成中部船体几何曲面,其命令流如下:

```
! * * * * * * * * * * * * * * * * * * * * * * *
SURF A_Mid
THR Mid_DL Mid_BCL Mid_DCL S7 S14 Camber7 Camber14
```

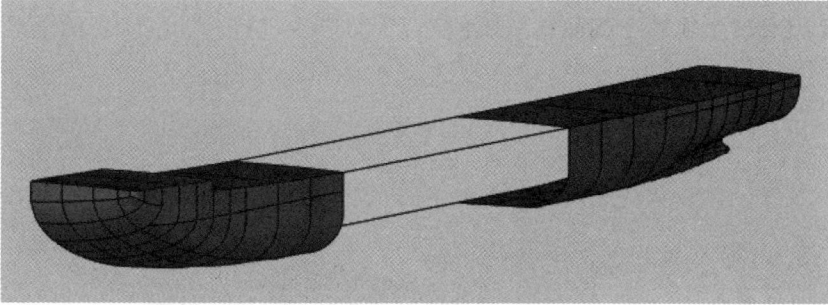

图 7 – 16 中部型线图

!   *

执行以上命令流,COMPASS 软件在对象窗口生成面图元 A_mid,在图形输出窗口生成半幅船体中部三维曲面,如图 7 – 17 所示。

到这里为止,通过定义艏、舯、艉段型线的网格,再利用 COMPASS 软件提供的网格法命令,先后完成了艉段、艏段、舯段型表面的几何曲面建模(半幅)。除了用网格法生成曲面以外,对于平行中体或者比较单一的曲面,还可以利用 COMPASS 软件提供的单向放样命令、扫掠命令来生成曲面,这里就不再详述了,请读者对照命令手册自学。

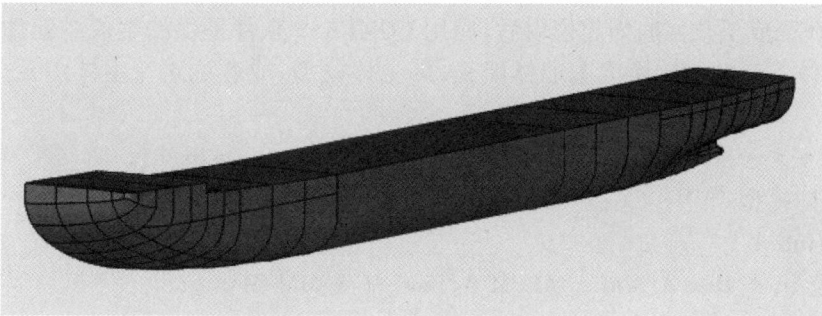

图 7 – 17 艏舯艉三维曲面图

另外,在上述每个分段型表面定义的时候,把甲板面和外板面整合成了一个整体的曲面,这并不是 COMPASS 软件的强制要求。其实,在建模过程中可以把甲板面与外板面分别定义,只要保证它们二者之间有一条公共的邻边。推而广之,船体型表面可以是由若干个面拼接而构成,只要这些面与面之间都有公共的邻边即可。

7.5.3 整船几何曲面构造

完成了左舷半幅的艉段、艏段、舯段型表面的几何曲面后,就可以应用镜像命令来生成右舷半幅型表面,其命令流如下:

!   *
MIRROR
SOURCE A_Aft A_Bow A_Mid
!   *

执行以上命令流,COMPASS 软件在对象窗口新增面图元 A_Aft_M、A_Bow_M、A_Mid_M,在图形输出窗口生成右半幅船体三维曲面,从而形成完整、光顺、闭合的全船外表面,如图 7 - 18 所示。

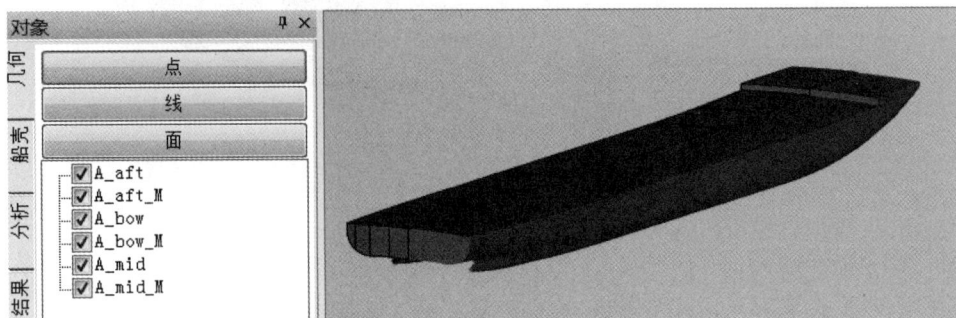

图 7 - 18　整船三维曲面图

7.6　主船体建模

在 COMPASS 主菜单中,把工作空间切换到 界面,船壳包括主体、单元体、舱室、附体 4 个部分。在完成了几何曲面建模以后,应用 COMPASS 软件提供的生成主船体命令,把之前建好的船体几何曲面转换为主船体船壳,即主体模型,或者称之为主体图元。其命令流如下:

```
! * * * * * * * * * * * * * * * * * * * * * * * * * * *
! 主船体模型
HULL Hull_1
THR A_Aft A_Bow A_Mid A_Aft_M A_Bow_M A_Mid_M
! * * * * * * * * * * * * * * * * * * * * * * * * * * *
```

执行以上命令流,COMPASS 软件在对象窗口生成主船体图元 Hull_1,并在图形输出窗口生成全船三维主体模型(为了清晰显示主船体模型,可以把几何空间所有型线和曲面图元全部隐藏起来),如图 7 - 19 所示。

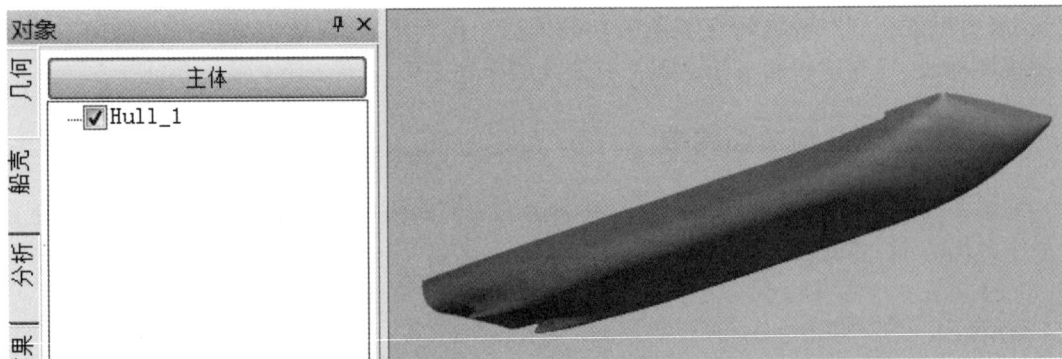

图 7 - 19　主船体模型图

　　至此，主船体模型建模工作全部完成，下一步就要在主船体 Hull_1 的基础上，利用
COMPASS 软件提供的命令来创建模型的单元体、舱室及附件，这些仍然属于"船壳"建模的
工作范围，有关这一部分内容详细的讲解，请继续学习本书第 8 章舱室建模。

　　本章全部采用命令流的方式来创建点、线、面及主体模型，这些命令当然也可以在
COMPASS 软件提供的交互式操作窗口中完成，大家不妨试一试。

第8章 舱室建模

8.1 概　　述

8.1.1 舱室建模的重要性

船舶出于抗沉性的要求及分类装货的目的,需要划分舱室。在船舶设计阶段,舱室划分就是一项十分重要的工作,除了考虑船舶的若干舱室发生破舱进水后的抗沉性外,还涉及各个舱室的舱容曲线计算,一方面,计算与校核各个舱室的容积是否能达到预定的装载要求;另一方面,若是液舱,自由液面的存在对船舶的稳性也会产生不利影响,需要计算液舱各装载液体深度下,液体的体积、型心位置、自由液面的惯性矩等要素,因此利用COMPASS 软件在进行舱容曲线计算与破损稳性计算之前,先要做好舱室建模工作。

另外,船体舱室划分一般是通过在主船体空间内设置纵向舱壁、横向舱壁、水平方向的舱壁,将主船体划分为一个个小舱室,因此在利用 COMPASS 软件进行舱室建模之前,先要做好主船体建模工作。

综上所述,利用 COMPASS 软件进行稳性校核及抗沉性计算时,舱室建模工作十分重要,这项工作在主船体建模工作完成之后与性能分析计算之前进行。

COMPASS 软件计算舱容曲线时,是将舱室从本质上看作这样的一个体:舱室就是一个两端为横向舱壁板、两侧为外板板或纵向舱壁板、上下为甲板板、船底板或水平舱壁板所围成的一个体。而计算舱室在自由液面下的部分的体积、型心位置及自由液面的惯性矩就等效于计算这个体的体积、型心位置及上表面对旋转轴线的惯性矩,这也就是舱容曲线的计算内容。

8.1.2 1 000 t 多用途船舱室划分情况介绍

本章中以 1 000 t 多用途船为例来介绍舱室建模的方法。1 000 t 多用途船的总布置图见附录 E,由图可知,船舱室划分情况见表 8 – 1。

表 8 – 1　舱室划分表格

序号	名称	代码	位置	备注
1	舵机舱	djc	船尾—Fr3	
2	清水舱	qsc	Fr3—Fr6	
3	No.0 舷侧空舱 – 左	kc0 – p	Fr3—Fr20	两舱对称
4	No.0 舷侧空舱 – 右	kc0 – s	Fr3—Fr20	
5	机舱	jc	Fr3—Fr18	

表 8 - 1(续)

序号	名称	代码	位置	备注
6	燃油舱 - 左	ryc - p	Fr18—Fr20	两舱对称
7	燃油舱 - 右	ryc - s	Fr18—Fr20	
8	No.0 底压载舱 - 左	dyz0 - p	Fr18—Fr20	两舱对称
9	No.0 底压载舱 - 右	dyz0 - s	Fr18—Fr20	
10	No.1 舷侧空舱 - 左	kc1 - p	Fr20—Fr32	两舱对称
11	No.1 舷侧空舱 - 右	kc1 - s	Fr20—Fr32	
12	No.2 舷侧空舱 - 左	kc2 - p	Fr32—Fr44	两舱对称
13	No.2 舷侧空舱 - 右	kc2 - s	Fr32—Fr44	
14	No.1 底压载舱 - 左	dyz1 - p	Fr20—Fr44	两舱对称
15	No.1 底压载舱 - 右	dyz1 - s	Fr20—Fr44	
16	No.1 货舱	hc1	Fr20—Fr44	
17	No.3 舷侧空舱 - 左	kc3 - p	Fr44—Fr56	两舱对称
18	No.3 舷侧空舱 - 右	kc3 - s	Fr44—Fr56	
19	No.4 舷侧空舱 - 左	kc4 - p	Fr56—Fr68	两舱对称
20	No.4 舷侧空舱 - 右	kc4 - s	Fr56—Fr68	
21	No.2 底压载舱 - 左	dyz2 - p	Fr44—Fr68	两舱对称
22	No.2 底压载舱 - 右	dyz2 - s	Fr44—Fr68	
23	No.2 货舱	hc2	Fr44—Fr68	
24	No.5 舷侧空舱 - 左	kc5 - p	Fr68—Fr80	两舱对称
25	No.5 舷侧空舱 - 右	kc5 - s	Fr68—Fr80	
26	No.6 舷侧空舱 - 左	kc6 - p	Fr80—Fr92	两舱对称
27	No.6 舷侧空舱 - 右	kc6 - s	Fr80—Fr92	
28	No.3 底压载舱 - 左	dyz3 - p	Fr68—Fr92	两舱对称
29	No.3 底压载舱 - 右	dyz3 - s	Fr68—Fr92	
30	No.3 货舱 - 左	hc3 - p	Fr68—Fr92	两舱对称
31	No.3 货舱 - 右	hc3 - s	Fr68—Fr92	
32	货舱	hc - all	Fr20—Fr92	hc1、hc2、hc3 - p、hc3_s 整合
33	艏尖舱	sjc	Fr92—船首	

在表 8 - 1 中代码一列里,代码是对舱室名称来进行编码,这样在 COMPASS 软件中进行舱室建模要求输入舱室名称时,输入舱室代码即可。例如:

名称:No.3 货舱 - 左

代码:hc3 - p

代码符号中:

hc——货舱的首写字母；

1——货舱的编号；

p——表示左舷；

s——表示右舷。

当然，关于代码并没有统一的标准，在符合 COMPASS 软件的命名规则的前提下，各位读者在实际操作过程中可以形成自己的编码原则，编码明确、清楚、没有自相矛盾的地方即可。

8.1.3　舱室类型与建模方法

针对前述船舶的舱室划分情况分析，可以看出舱室分为两类：

第一类舱室长度方向的舱壁从头到尾是一道直舱壁，无转折舱壁的情况，船上大多舱室属于这一类舱室；

第二类舱室长度方向的舱壁从头到尾不是一道直舱壁，存在转折舱壁的情况。例如该船的机舱与 No.3 底压载舱就是属于这一类舱室的情况，如图 8 – 1 所示，可以发现沿长度方向的舱壁都存在转折的现象。

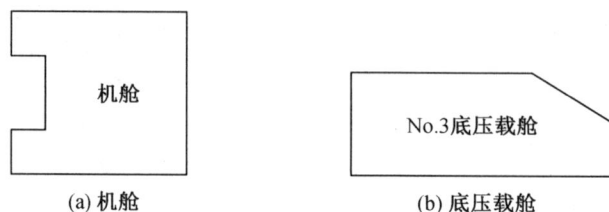

(a) 机舱　　　　　　　　　　(b) 底压载舱

图 8 – 1　机舱和底压载舱

针对这两类不同的舱室，COMPASS 软件在进行舱室建模时采取了不同的方法。分别如下：

对第一类舱室，采取参数化方法来建立舱室模型，因为该舱室长度方向从头到尾是一道直舱壁，故只需定义舱室首尾端面特征点，描述其端面形状，然后首尾端面对应的特征点用直线连起来即为舱室形状。关于舱室端面特征点将在下一节内容中详细介绍。

对第二类舱室，采取来自体的方法来建立舱室模型，即先建立舱室单元体，再通过体组合的方式来建立舱室，这种体组合的方式就是求体之间的并集、差集、交集的布尔运算。针对图 8 – 1 中的机舱和 No.3 底压载舱，可以采用图 8 – 2 的体组合方式来创建。

后面将具体介绍这两种舱室建模方法。

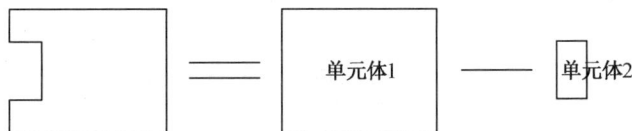

(a) 机舱的单元体组合方式

(b) 底压载舱的单元体组合方式

图 8-2 体组合方式

8.2 舱室端面轮廓特征点

前面已叙述第一类舱室一般采用参数化方法直接生成舱室模型,这一类舱室实际上也可以看作是只由一个舱室单元体直接形成的舱室;第二类舱室则需要先建立舱室单元体,然后由单元体组合生成舱室。但是,不管是哪一类舱室,在建模的过程中,都不可避免地要输入舱室端面轮廓特征点坐标,用以描述舱室前后端面的形状,这是因为舱室实质上就是以前后两个端面及两端面对应特征点的连线为轮廓的几何体,如图 8-3 所示,前、后端面上的小黑点为端面轮廓特征点,所以本节先介绍舱室端面轮廓特征点的填写方法,以方便后续章节中的舱室生成方法的讲解。

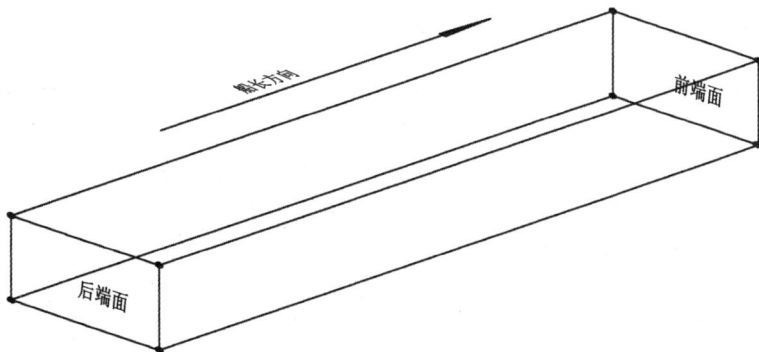

图 8-3 舱室端面轮廓及端面特征点

填写特征点时,COMPASS 软件的处理方法是:先填写特征点的 X 坐标,因为特征点在端面上,所以特征点的 X 坐标即为端面的 X 坐标;再填写特征点的 (Y,Z) 坐标,以特征点坐标及数量 N 来表达端面的区域。端面轮廓特征点及其表达区域可以根据端面的形状分为以下几种情况,下面分别来介绍。

8.2.1 特征点数 $N=0$

特征点数 $N=0$,表达的区域为整个主船体的横剖面,此时无须填写特征点的 (Y,Z) 坐标,表 8 - 2 为端面轮廓特征点数及表达区域($N = 0$)。

表 8 - 2　端面轮廓特征点数及表达区域($N = 0$)

特征点数	表示区域	命令	注释	图形
0	表示整个主船体剖面	SPACEUNIT/ X [3 5] APOINTS FPOINTS	在 HULL_1 上创建端面位置 [3 5]的参数化舱室单元体 舱室尾端面为整个船体 舱室首端面为整个船体	

其中 SPACEUNIT 表示创建舱室单元体,首尾端面特征点坐标缺省,无须填写。

8.2.2　特征点数 $N = 1$

特征点数 $N = 1$,表达的区域为水平面或铅垂面划分船体中的一部分。若为水平面,此时需要填写特征点所在的水平面的高度值($Z-$, Z)或者($Z+$, Z)坐标;若为铅垂面,此时需要填写特征点所在的宽度值($Y-$, Y)或者($Y+$, Y)坐标。表 8 - 3 为端面轮廓特征点数及表达区域($N = 1$)。

表 8 - 3　端面轮廓特征点数及表达区域($N = 1$)

特征点数	表示区域	命令	注释	图形
$N = 1$	表示水平面或铅垂面划分船体中的一部分	($Z-$ Z1)	表示 Z1 平面以下部分	
		($Z+$ Z1)	表示 Z1 平面以上部分	
		($Y-$ Y1)	表示 Y1 平面以右部分	
		($Y+$ Y1)	表示 Y1 平面以左部分	

填写时,关于 $Y+$ 、$Y-$ 、$Z+$ 、$Z-$ 的含义如下:

$Y+$——表示船壳左舷;

$Y-$——表示船壳右舷;

$Z+$——表示船体甲板;

$Z-$——表示船体底部。

8.2.3　特征点数 $N=2$

特征点数 $N=2$,表示以两个特征点为对角线的矩形区域,此时需要填写特征点的(Y,Z)坐标。表 8 - 4 为端面轮廓特征点数及表达区域($N=2$)。

表 8 - 4　端面轮廓特征点数及表达区域($N=2$)

特征点数	表示区域	命令	注释	图形
$N=2$	表示以两个特征点为对角线的矩形区域	(Y1 Z1)(Y2 Z2) 或 (Y1 Z2)(Y2 Z1)	表示两个特征点对角线的矩形	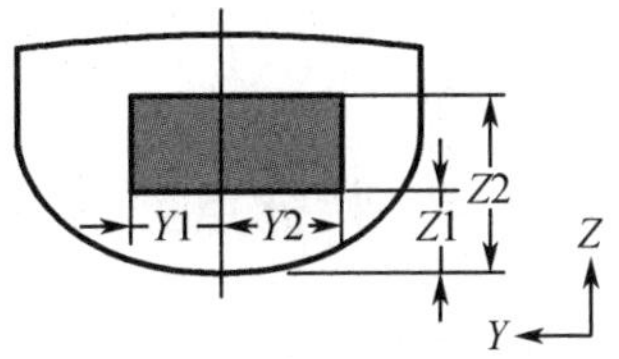
		(Y1 Z1)(Y2 Z-) 或 (Y2 Z1)(Y1 Z-)	表示两个特征点对角线的矩形	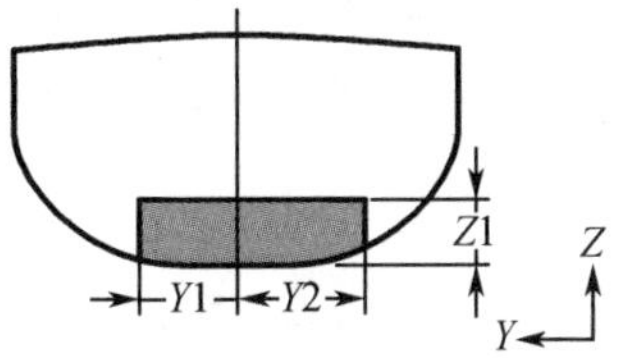
		(Y1 Z1)(Y2 Z+) 或 (Y2 Z1)(Y1 Z+)	表示两个特征点对角线的矩形	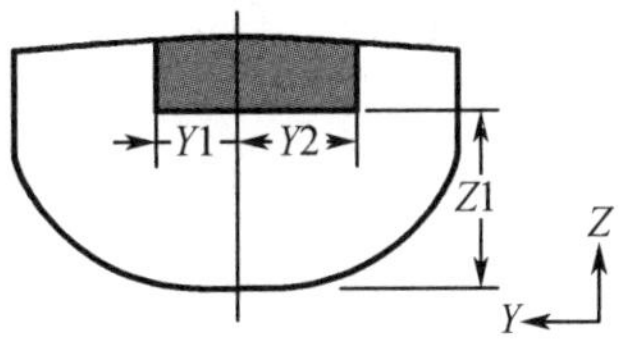
		(Y1 Z1)(Y- Z2) 或 (Y1 Z2)(Y- Z1)	表示两个特征点对角线的矩形	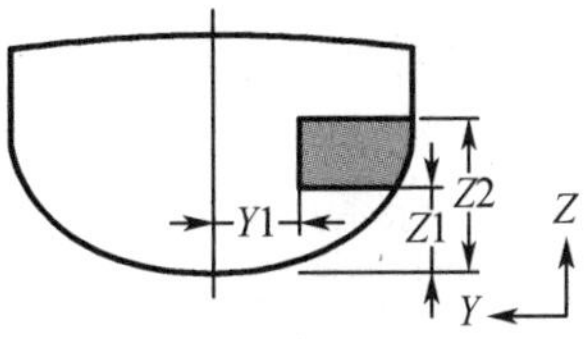
		(Y1 Z1)(Y+ Z2) 或 (Y1 Z2)(Y+ Z1)	表示两个特征点对角线的矩形	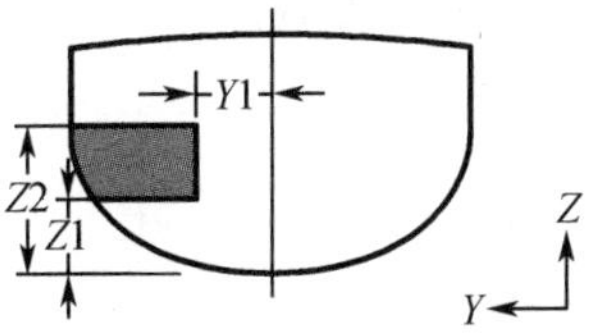

表 8 – 4（续）

特征点数	表示区域	命令	注释	图形
N = 2	表示以两个特征点为对角线的矩形区域	（Y1 Z1）（Y – Z –）或（Y1 Z –）（Y – Z1）	表示两个特征点对角线的矩形	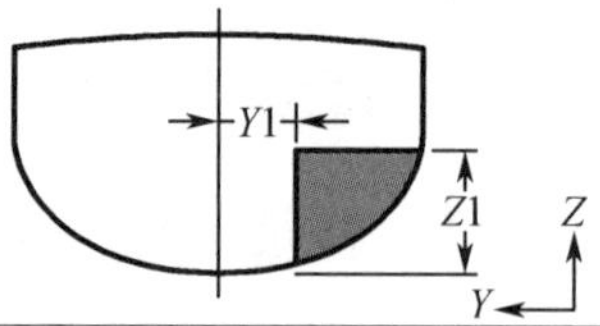
		（Y1 Z1）（Y + Z +）或（Y1 Z +）（Y + Z1）	表示两个特征点对角线的矩形	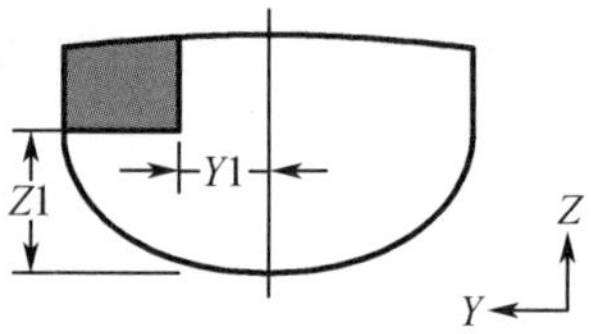

关于 $Y+$、$Y-$、$Z+$、$Z-$ 的含义同上。

8.2.4 特征点数 $N>2$

特征点数 $N>2$，表示端面形状以特征点按顺时针方向（空间坐标系中是右手方向）顺序连接（尾与首连接）所形成的封闭区域。此时需要填写各点的 (Y,Z) 坐标。表 8 – 5 为端面轮廓特征点数及表达区域（$N>2$）。

表 8 – 5　端面轮廓特征点数及表达区域（$N>2$）

特征点数	表示区域	命令	注释	图形
N > 2	表示端面形状以特征点按顺时针方向（空间坐标系中是右手方向）顺序连接（尾与首连接）所形成的封闭区域	（Y1 Z1）（Y – Z1）（Y1 Z +）	Y1、Z1 为 1 号点坐标	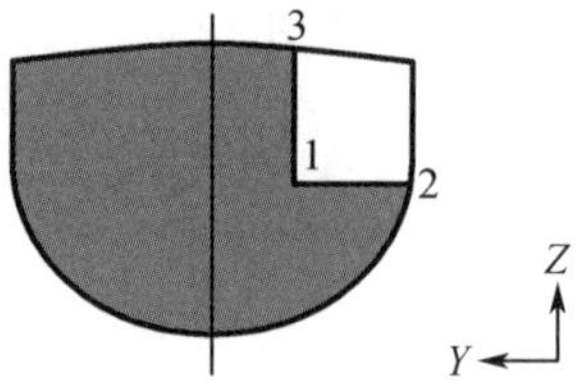
		（Y1 Z1）（Y2 Z2）（Y3 Z3）（Y – Z4）（Y5 Z –）	Y1、Z1 为 1 号点坐标	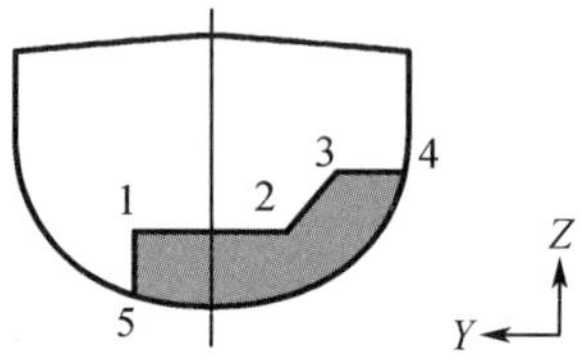

表8-5(续1)

特征点数	表示区域	命令	注释	图形
$N>2$	表示端面形状以特征点按顺时针方向(空间坐标系中是右手方向)顺序连接(尾与首连接)所形成的封闭区域	(Y1 Z1)(Y2 Z-)(Y-Z3)(Y4 Z4)(Y5 Z5)	$Y1$、$Z1$ 为 1 号点坐标	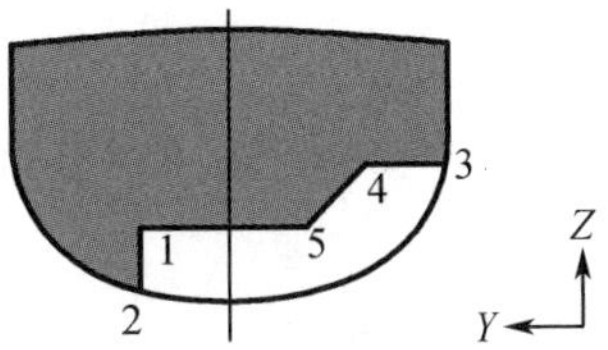
		(Y1 Z1)(P-75)(P+225)	$Y1$、$Z1$ 为 1 号点坐标,图示 $Y1$ 为负。$P+$、$P-$ 为特殊标记。75° 为 1 号点与 2 号点连线的方向角。225° 为 1 号点与 3 号点连线的方向角	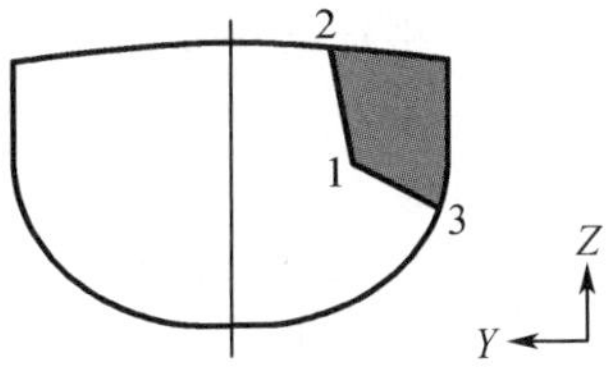
		(Y1 Z1)(P-225)(P+75)	$Y1$、$Z1$ 为 1 号点坐标,图示 $Y1$ 为负。225° 为 1 号点与 2 号点连线的方向角。75° 为 1 号点与 3 号点连线的方向角	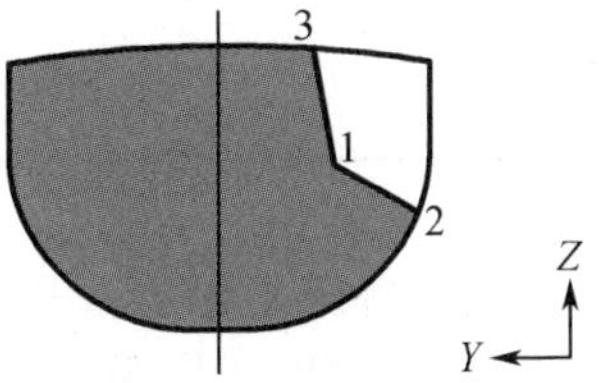
		(Y1 Z1)(P-225)(P+315)(Y4 Z4)	$Y1$、$Z1$ 为 1 号点坐标,图示 $Y1$ 为负。225° 为 1 号点与 2 号点连线的方向角。315° 为 4 号点与 3 号点连线的方向角	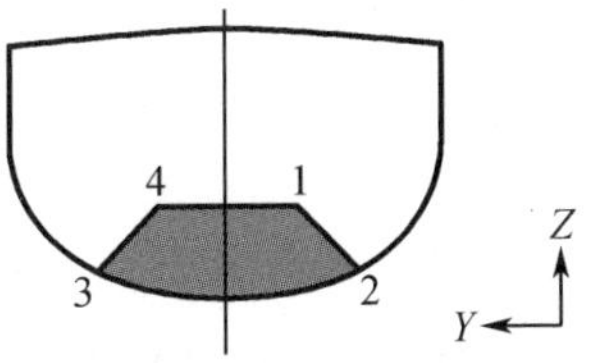
		(Y1 Z1)(Y2 Z2)(P-315)(P+225)	$Y1$、$Z1$ 为 1 号点坐标,图示 $Y1$ 为负。315° 为 2 号点与 3 号点连线的方向角。225° 为 1 号点与 4 号点连线的方向角	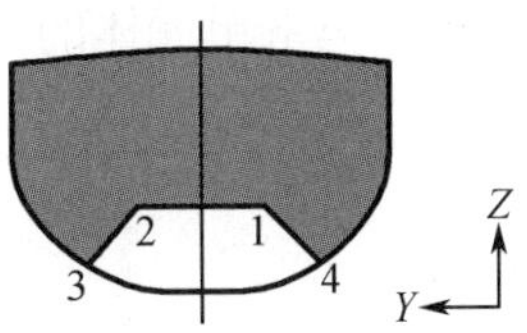

表 8 – 1（续 2）

特征点数	表示区域	命令	注释	图形
N > 2	表示端面形状以特征点按顺时针方向（空间坐标系中是右手方向）顺序连接（尾与首连接）所形成的封闭区域	(Y1 Z1)(P − 165)(P + 15)(Y4 Z4)	$Y1$、$Z1$ 为 1 号点坐标，图示 $Y1$ 为负。165° 为 1 号点与 2 号点连线的方向角。15° 为 3 号点与 4 号点连线的方向角。	
		(Y1 Z1)(Y2 Z2)(P − 15)(P + 165)	$Y1$、$Z1$ 为 1 号点坐标，图示 $Y1$ 为负。15° 为 2 号点与 3 号点连线的方向角。165° 为 1 号点与 4 号点连线的方向角	
		(Y1 Z1)(Y2 Z2)(Y3 Z3)(Y4 Z4)	$Y1$、$Z1$ 为 1 号点坐标	

其中特殊坐标点：$(P + ,\theta)$ 或 $(P − ,\theta)$ 表示倾斜舱壁（非水平舱壁和非垂直舱壁）与船壳的交点，这里采用极坐标的形式来进行表达，P 代表极点，θ 代表极角。

$P −$ 表示以该坐标点的上一点为极点，按角度 θ 射线与船壳相交的交点，若没有上一个点则取尾点；$P +$ 表示以该坐标点的下一点为极点，按角度 θ 射线与船壳相交的交点，若没有下一个点则取首点；θ 表示射线在端面内与 Y 轴的夹角（单位度，顺时针），取值范围 [0, 360)。

8.3　舱室单元体

当舱室长度或宽度方向的舱壁有转折处，对于这样的舱室可以采用舱室单元体的方法来解决舱室建模问题，1 000 t 多用途船的机舱、No. 3 底压载舱、No. 6 舷边空舱属于这一类舱室，可以先建立舱室单元体，然后由舱室单元体组合形成舱室。

创建舱室单元体的操作步骤为：

第一步：点击工具栏上船壳，如图 8 – 4 所示。

图 8 – 4　工具栏

第二步:在左边对象面板中,点击[单元体],如图8-5所示为船壳对象面板。

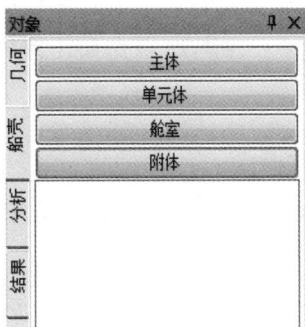

图8-5 船壳对象面板

第三步:在操作面板中进行如下操作,操作[创建],对象[单元体],方法有3种,分别为[参数化舱室单元体]、[体组合]、[面围拢],如图8-6所示,下面分别进行讲解。

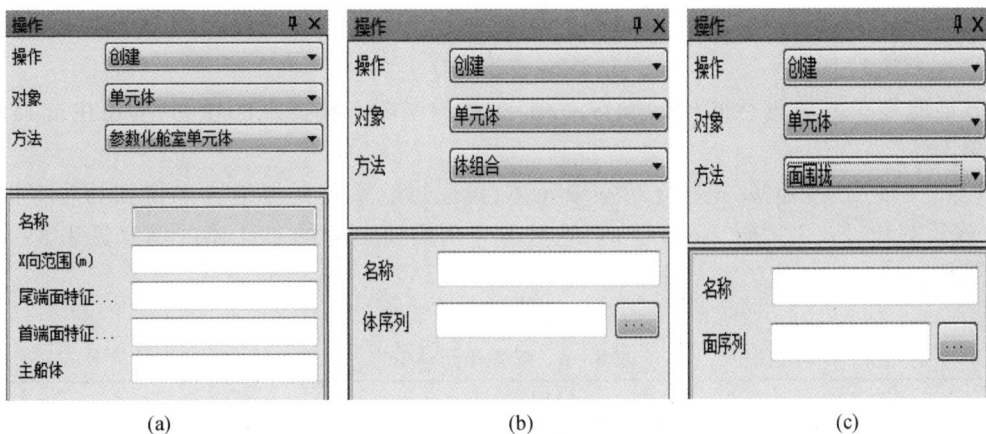

(a)　　　　　　　　　　　(b)　　　　　　　　　　　(c)

图8-6 创建单元体的3种方法

8.3.1 参数化法

参数化舱室单元体是根据单元体端面特征点来生成舱室单元体的一种方法。需要填写舱室单元体名称、舱室 X 向范围、尾端面特征点坐标、首端面特征点坐标、主船体等信息。

以1 000 t多用途船的机舱为例。图8-7为机舱及其单元体组合图。

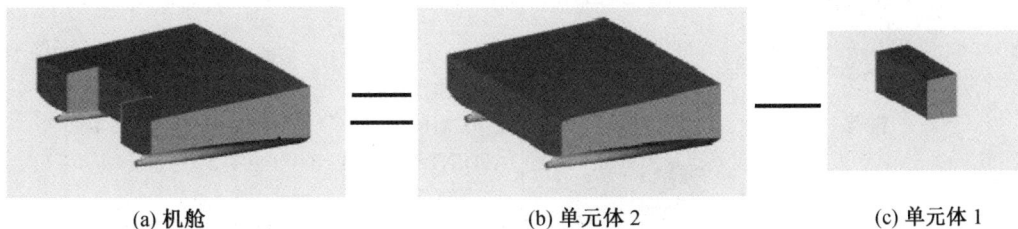

(a) 机舱　　　　　　　　　　(b) 单元体2　　　　　　　　(c) 单元体1

图8-7 机舱及其单元体组合图

机舱可以看作是单元体1与单元体2求差集布尔运算得到。故在创建机舱前,需要先将舱室单元体 1 与舱室单元体 2 创建好。

以单元体 1 为例,单元体 1 的端面左右是宽度距中线面为 4.3 m 的两道纵舱壁,上下是船底与甲板所围成的区域,故特征点 $N=2$,所以在操作面板中输入如下:

单元体名称:d2

舱室 X 向范围:#3 #18

尾端面特征点:$(-4.3\,z-)(4.3\,z+)$

首端面特征点:缺省时表示和尾端面特征点相同,不相同时则必须填写,此处首尾端面特征点坐标相同,故可缺省不填。

主船体信息:单体船不填时默认为所创建的主船体。当为双体船或多体船时需要指定主船体。

也可以采用命令流的方式直接在命令窗口输入命令,命令如下:

SPACEUNIT d2

X #3 #18

APOINTS $(-4.3\,z-)(4.3\,z+)$

FPOINTS

From HULL_1

其他舱室单元体进行同样的操作,只需注意首尾端点特征点的填写,即可生成其他的舱室单元体。

1 000 t 多用途船需要先建立舱室单元体,再通过舱室单元体组合来得到的舱有机舱、No.3 底压载舱、No.3 货舱、No.6 空舱,这些舱室所需要创建的单元体的信息见表 8-6 舱室单元体信息。

表 8-6 舱室单元体信息

序号	舱室名称	组合单元体	命令	注释	布尔运算
1	机舱	单元体 d1	SPACEUNIT d1 X #3 #6 APOINTS $(-2\,z-)(2\,z+)$ FPOINTS From HULL_1	单元体 d1 X 坐标(#3 #6) 尾端特征点坐标 $(-2\,z-)(2\,z+)$ 首端特征点坐标 $(-2\,z-)(2\,z+)$	d2-d1
		单元体 d2	SPACEUNIT d2 X #3 #18 APOINTS $(-4.3\,z-)(4.3\,z+)$ FPOINTS From HULL_1	单元体 d2 X 坐标(#3 #18) 尾端特征点坐标 $(-4.3\,z-)(4.3\,z+)$ 首端特征点坐标 $(-4.3\,z-)(4.3\,z+)$	

表 8 - 6（续1）

序号	舱室名称	组合单元体	命令	注释	布尔运算
2	No.3 底压载舱	单元体 d3	SPACEUNIT d3 X #68 46.040 APOINTS (4.3 0.9)(0 z−) FPOINTS From HULL_1	单元体 d3 X 坐标 (#68 46.040) 尾端特征点坐标 (4.3 0.9)(0 z−) 首端特征点坐标 (4.3 0.9)(0 z−)	d3 + d4
		单元体 d4	SPACEUNIT d4 X 46.040 #92 APOINTS (4.3 0.9)(0 z−) FPOINTS (2.25 0.9)(0 z−) From HULL_1	单元体 d4 X 坐标 (46.040 #92) 尾端特征点坐标 (4.3 0.9)(0 z−) 首端特征点坐标 (2.25 0.9)(0 z−)	
3	No.3 货舱	单元体 d5	SPACEUNIT d5 X #68 46.040 APOINTS (0 0.9) (4.3 z+) FPOINTS From HULL_1	单元体 d5 X 坐标 (#68 46.040) 尾端特征点坐标(0 0.9)(4.3 z+) 首端特征点坐标(0 0.9)(4.3 z+)	d5 + d6
		单元体 d6	SPACEUNIT d6 X 46.040 #92 APOINTS (4.3 0.9)(0 z+) FPOINTS (2.25 0.9) (0 z+) From HULL_1	单元体 d6 X 坐标 (46.040 #92) 尾端特征点坐标 (4.3 0.9)(0 z+) 首端特征点坐标 (4.3 0.9)(0 z+)	

表 8-1（续 2）

序号	舱室名称	组合单元体	命令	注释	布尔运算
4	No.6 空舱	单元体 7	SPACEUNIT d7 X #80 46.040 APOINTS (4.3 z -) (y + z +) FPOINTS From HULL_1	单元体 d7 X 坐标 (#80,46.040) 尾端特征点坐标 (4.3 z -) (y + z +) 首端特征点坐标 (4.3 z -) (y + z +)	d7 + d8
		单元体 8	SPACEUNIT d8 X 46.040 #92 APOINTS (4.3 z -) (y + z +) FPOINTS (2.25 z -) (y + z +) From HULL_1	单元体 d8 X 坐标 (46.040 #92) 尾端特征点坐标 (4.3 z -) (y + z +)首端特征 点坐标 (2.25 z -) (y + z +)	

8.3.2　体组合法

这种方法需要在创建舱室单元体之前,实现存在着两个或两个以上的几何体,然后由这些几何体通过布尔运算来生成舱室单元体。故在填写过程中需要填写舱室单元体名称、体序列、运算符。运算符包括 + 、- 、* ,其含义分别表示并集、差集、交集布尔运算。

也可以采用命令流的方式来操作,如下:

SPACEUNIT dy

BOOL a1 + a2 - a3

即通过事先创建好的几何体 a1、a2、a3,先对 a1、a2 求并集,再对 a3 求差集得到舱室单元体 dy。BOOL 表示布尔运算。

8.3.3　面围拢法

这种方法必须事先创建好几个面,然后通过这几个面围成的空间来生成单元体。故在填写过程中需要填写舱室单元体的名称、面序列。实际上这种生成舱室单元体的方法与通过型表面创建主船体的方法原理是一致的。故在此不多举例。

也可以采用命令流的方式来操作,如下:

SPACEUNIT dy

THR s1 s2 s3 s4

即通过事先创建好的 s1、s2、s3、s4 这 4 个面来生成舱室单元体 dy。

8.4　舱　　室

在已经生成主船体和必要的舱室单元体的基础上,可以开始创建舱室了。舱室创建的依据是总布置图,因为总布置图的主视图和俯视图反映了全船的舱室划分。下面先介绍创建舱室的方法,然后再介绍 1 000 t 多用途船的舱室创建。

8.4.1　舱室创建方法

和舱室单元体的创建方法一样,创建舱室的方法也分参数化法、体组合法、面围拢法 3 种。这 3 种创建舱室的方法见表 8 - 7。

表 8 - 7　舱室创建方法

方式	命令	注释	对应操作面板
来自体	SPACE Name THR SO1 - SO2 *SO3...	SO1、SO2、SO3 体布尔组合构成舱室,可以是几何体或单元体。 + - * 表示体之间的并、差、交布尔运算,运算符与图元名称之间不能有空格	操作　　　　　　♁ × 操作　　创建 对象　　舱室 方法　　来自体组合 名称 体序列　B1+B2-B3*B4
	例: SPACE THR B1 + B2 - B3 * B4	表示 B1 与 B2 求并,然后与 B3 求差,再与 B4 求交得到舱室体	
参数化	SPACE Name X〔x1 x2〕 APOINTS pa1 pa2... FPOINTS pf1 pf2... 〔FROM HULL_1〕	x1、x2 是舱室的尾端和首端 x 坐标。 pa1 pa2 是尾端面轮廓特征点,缺省表示与首端面相同,否则其特征点个数应与首端面相同。 pf1 pf2 是首端面轮廓特征点,缺省表示整个剖面。 APOINTS 与 FPOINTS 可以只出现一个,此时表示与另一个端面轮廓特征点相同。 FROM Hull_1 为默认缺省,表示 1 号主船体上的舱室 FROM Hull_2 不能缺省,表示 2 号主船体上的舱室,适用于双体船等	操作　　　　　　♁ × 操作　　创建 对象　　舱室 方法　　参数化 名称 X向范围(m)　3,5 尾端面特征... 首端面特征... 主船体
	例: SPACE Name X〔3 5〕 APOINTS	在 HULL_1 上创建端面位置〔3 5〕的舱室 舱室尾端面为整个船体 舱室首端面为整个船体	

表 8 – 7(续)

方式	命令	注释	对应操作面板
参数化	高级用法： X + X – Y + Y – Z + Z –	X + 表示船首,X – 表示船尾 Y + 表示左舷,Y – 表示右舷 Z + 表示甲板,Z – 表示船底	Y – 可用右舷以外的某个 Y 值替代 其他类似
面围拢法	SPACE Name THR S1 S2 S3...	通过面 S1,S2,S3,... 围成舱室或 舱室单元体。	

8.4.2　1 000 t 多用途船的舱室创建

根据前述讲解的舱室创建方法,对 1 000 t 多用途船进行舱室建模,建模结果见表 8 – 8。

表 8 – 8　1 000 t 多用途船舱室模型

序号	舱室名称 (代码)	命令	舱室模型	备注
1	舵机舱(djc)	SPACE djc X x – #3 APOINTS FPOINTS From HULL_1		
2	清水仓(qsc)	SPACE qsc BOOL d1		
3	No.0 舷边空舱 – 左舷 (kc0 – p)	SPACE kc0 – p X #3 #20 APOINTS (4.3 z –)(y + z +) FPOINTS From HULL_1		两舱对称
4	No.0 舷边空舱 – 右舷 (kc0 – s)	SPACE kc0 – s X #3 #20 APOINTS(– 4.3 z –) (y – z +) FPOINTS From HULL_1		

表 8-8(续 1)

序号	舱室名称 (代码)	命令	舱室模型	备注
5	No.0 底压载舱 - 左舷 (dyz0 - p)	SPACE dyz0 - p X #18 #20 APOINTS (4.3 0.9) (0 z -) FPOINTS From HULL_1		两舱 对称
6	No.0 底压载舱 - 右舷 (dyz0 - s)	SPACE dyz0 - s X #18 #20 APOINTS (-4.3 0.9) (0 z -) FPOINTS From HULL_1		两舱 对称
7	机舱(jc)	SPACE jc BOOL d2 - d1		
8	燃油舱 - 左舷 (ryc - p)	SPACE ryc - p X #18 #20 APOINTS (4.3 0.9) (0 z +) FPOINTS From HULL_1		两舱 对称
9	燃油舱 - 右舷 (ryc - s)	SPACE ryc - s X #18 #20 APOINTS (-4.3 0.9) (0 z +) FPOINTS From HULL_1		两舱 对称
10	No.1 舷边空舱 - 左舷 (kc1 - p)	SPACE kc1 - p X #20 #32 APOINTS (4.3 z -) (y + z +) FPOINTS From HULL_1		两舱 对称
11	No.1 舷边空舱 - 右舷 (kc1 - s)	MIRROR kc1 - s SOURCE kc1 - p		两舱 对称

表 8 - 8(续 2)

序号	舱室名称 (代码)	命令	舱室模型	备注
12	No. 2 舷边空舱 - 左舷 (kc2 - p)	SPACE kc2 - p X #32 #44 APOINTS (4.3 z -) (y + z +) FPOINTS From HULL_1		两舱 对称
13	No. 2 舷边空舱 - 右舷 (kc2 - s)	MIRROR kc2 - s SOURCE kc2 - p		
14	No. 1 底压载舱 - 左舷 (dyz1 - p)	SPACE dyz1 - p X #20 #44 APOINTS (4.3 0.9) (0 z -) FPOINTS From HULL_1		两舱 对称
15	No. 1 底压载舱 - 右舷 (dyz1 - s)	MIRROR dyz1 - s SOURCE dyz1 - p		
16	No. 1 货舱 (hc1)	SPACE hc1 X #20 #44 APOINTS (4.3 0.9) (-4.3 z +) FPOINTS From HULL_1		
17	No. 3 舷边空舱 - 左舷 (kc3 - p)	SPACE kc3 - p X #44 #56 APOINTS (4.3 z -) (y + z +) FPOINTS From HULL_1		两舱 对称
18	No. 3 舷边空舱 - 右舷 (kc3 - s)	MIRROR kc3 - s SOURCE kc3 - p		

表 8 – 8（续 3）

序号	舱室名称 （代码）	命令	舱室模型	备注
19	No.4 舷边空舱 – 左舷 （kc4 – p）	SPACE kc4 – p X #56 #68 APOINTS（4.3 z – ） （y + z + ） FPOINTS From HULL_1		两舱 对称
20	No.4 舷边空舱 – 右舷 （kc4 – s）	MIRROR kc4 – s SOURCE kc4 – p		
21	No.2 底压载舱 – 左舷 （dyz2 – p）	SPACE dyz2 – p X #44 #68 APOINTS（0 z – ）（4.3 0.9） FPOINTS		两舱 对称
22	No.2 底压载舱 – 右舷 （dyz2 – s）	MIRROR dyz2 – s SOURCE dyz2 – p		
23	No.2 货舱 （hc2）	SPACE hc2 X #44 #68 APOINTS（4.3 0.9） （– 4.3 z + ） FPOINTS From HULL_1		
24	No.5 舷边空舱 – 左舷 （kc5 – p）	SPACE kc5 – p X #68 #80 APOINTS（4.3 z – ） （y + z + ） FPOINTS From HULL_1		两舱 对称
25	No.5 舷边空舱 – 右舷 （kc5 – s）	MIRROR kc5 – s SOURCE kc5 – p		

表 8 – 8（续 4）

序号	舱室名称（代码）	命令	舱室模型	备注
26	No. 6 舷边空舱 – 左舷（kc6 – p）	SPACE kc6 – p BOOL d7 + d8		两舱对称
27	No. 6 舷边空舱 – 右舷（kc6 – s）	MIRROR kc6 – s SOURCE kc6 – p		
28	No. 3 底压载舱 – 左舷（dyz3 – p）	SPACE dyz3 – p BOOL d3 + d4		两舱对称
29	No. 3 底压载舱 – 右舷（dyz3 – s）	MIRROR dyz3 – s SOURCE dyz3 – p		
30	No. 3 货舱 – 左舷（hc3 – p）	SPACE hc3 – p BOOL d5 + d6		两舱对称
31	No. 3 货舱 – 右舷（hc3 – s）	MIRROR hc3 – s SOURCE hc3 – p		
32	No. 3 货舱（hc3）	SPACE hc3 BOOL hc3 – s hc3 – p		

表8-8(续5)

序号	舱室名称 （代码）	命令	舱室模型	备注
33	全货舱 （hc-all）	SPACE hc-all BOOL hc1 hc2 hc3		
34	艏尖舱 （sjc）	SPACE sjc X #92 x + APOINTS FPOINTS From HULL_1		

8.5　附　　体

舵、艏楼、艉楼、舱口围板、艏侧推孔、舭龙骨等可以做成附体,使其参与稳性计算。创建附体有体组合法及面围拢法两种方法,见表8-9。

表8-9　附体创建

方式	命令	注释	对应操作面板
体组合法	APPENDAGE Name THR SO1 +SO2 - SO3 … [MINUS]	SO1、SO2、SO3 体布尔组合构成附体,可以是几何体或单元体。 + - * 表示体之间的并、差、交等布尔运算,运算符与图元名称之间不能有空格。 MINUS 可选,有它表示该体为主船体上的一个空洞,如艏侧推孔	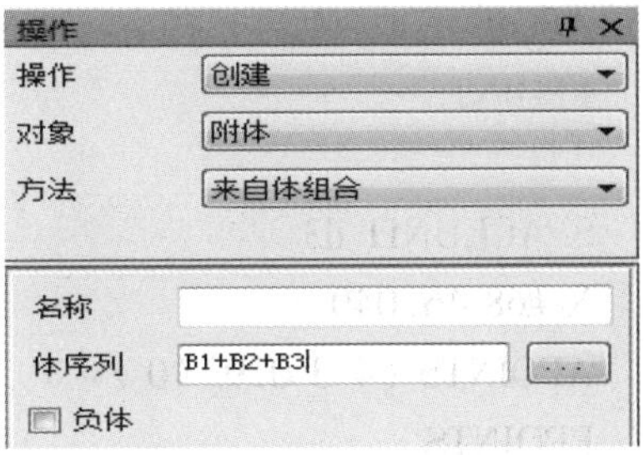
	例: APPENDAGE THR B1 +B2 +B3 MINUS	表示 B1 与 B2、B3 求并得到一个附体 MINUS 表示负的附体(空洞)	

表 8 –9(续)

方式	命令	注释	对应操作面板
面围拢法	APPENDAGE Name THR S1 S2 S3...	通过面 S1、S2、S3……围成附体	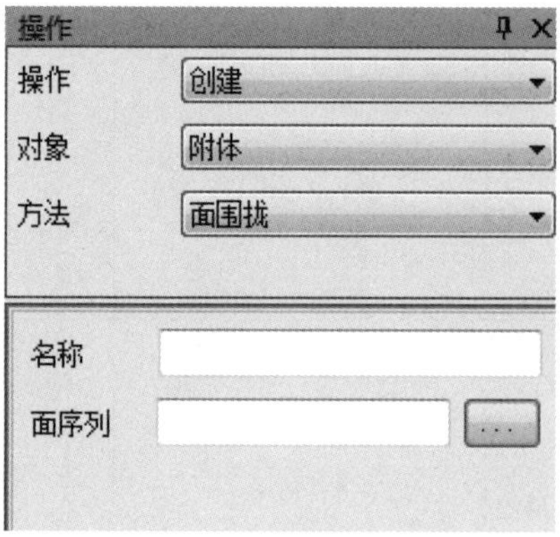 操作 操作　　创建 对象　　附体 方法　　面围拢 名称　□ 面序列　□ ...

8.6　舱室建模命令流

8.6.1　单元体命令流

```
! * * * * * * * * * * * * * * * * * * * * * * * * * *
SPACEUNIT d1
X #3 #6
APOINTS ( -2 z - ) ( 2 z + )
FPOINTS

SPACEUNIT d2
X #3 #18
APOINTS ( -4.3 z - ) ( 4.3 z + )
FPOINTS

SPACEUNIT d3
X #68 46.040
APOINTS ( 4.3 0.9 ) ( 0 z - )
FPOINTS

SPACEUNIT d4
X 46.040 #92
APOINTS ( 4.3 0.9 ) ( 0 z - )
FPOINTS ( 2.25 0.9 ) ( 0 z - )
```

SPACEUNIT d5

X #68 46.040

APOINTS（0 0.9）（4.3 z +）

FPOINTS

SPACEUNIT d6

X 46.040 #92

APOINTS（4.3 0.9）（0 z +）

FPOINTS（2.25 0.9）（0 z +）

SPACEUNIT d7

X #80 46.040

APOINTS（4.3 z -）（y + z +）

FPOINTS

SPACEUNIT d8

X 46.040 #92

APOINTS（4.3 z -）（y + z +）

FPOINTS（2.25 z -）（y + z +）

！＊＊＊＊＊＊＊＊＊＊＊＊＊＊＊＊＊＊＊＊＊＊＊＊＊＊＊

执行以上命令流，COMPASS 软件在"船壳"-"对象"-"舱室"窗口新增 d1、d2、d3、d4、d5、d6、d7、d8 单元体图元，在图形输出窗口生成如图 8 - 8 所示单元体组合图。

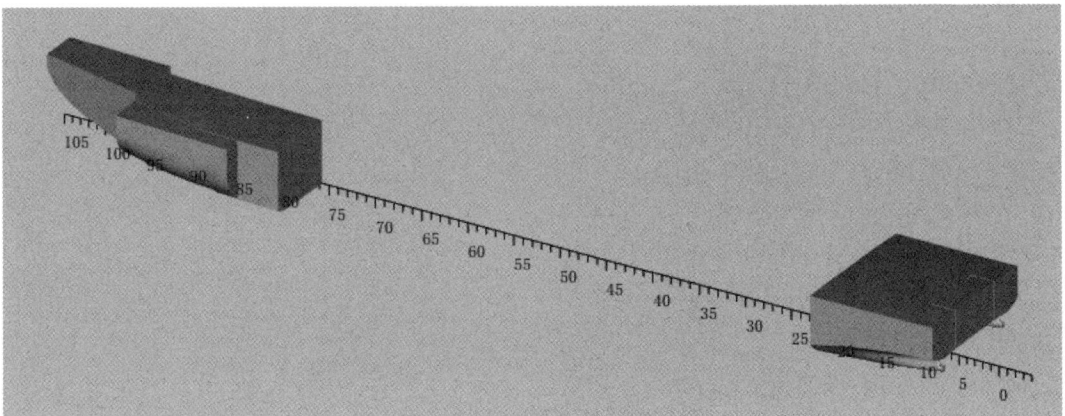

图 8 - 8　单元体组合图

8.6.2 舱室建模命令流

```
！＊＊＊＊＊＊＊＊＊＊＊＊＊＊＊＊＊＊＊＊＊＊＊＊＊
！舵机舱
SPACE djc
X x – #3
APOINTS
FPOINTS


！清水舱
SPACE qsc
BOOL d1


！FR3 – FR20 舷边空舱（左）（右）
SPACE kc0 – p
X #3 #20
APOINTS （4.3 z – ）（y + z + ）
FPOINTS
SPACE kc0 – s
X #3 #20
APOINTS （ – 4.3 z – ）（y – z + ）
FPOINTS


！FR18 – FR20 底压载舱（左）（右）
SPACE dyz0 – p
X #18 #20
APOINTS （4.3 0.9）（0 z – ）
FPOINTS
From HULL_1
SPACE dyz0 – s
X #18 #20
APOINTS （ – 4.3 0.9）（0 z – ）
FPOINTS


！FR6 – FR18 机舱
SPACE jc
BOOL d2 – d1


！FR18 – FR20 燃油舱（左）（右）
SPACE ryc – p
```

X #18 #20

APOINTS (4.3 0.9)(0 z+)

FPOINTS

SPACE ryc - s

X #18 #20

APOINTS (-4.3 0.9)(0 z+)

FPOINTS

！FR20 - FR32 舷边空舱(左)(右)

SPACE kc1 - p

X #20 #32

APOINTS (4.3 z-)(y+ z+)

FPOINTS

MIRROR kc1 - s

SOURCE kc1 - p

！FR32 - FR44 舷边空舱(左)(右)

SPACE kc2 - p

X #32 #44

APOINTS (4.3 z-)(y+ z+)

FPOINTS

MIRROR kc2 - s

SOURCE kc2 - p

！FR20 - FR44 底压载舱(左)(右)

SPACE dyz1 - p

X #20 #44

APOINTS (4.3 0.9)(0 z-)

FPOINTS

MIRROR dyz1 - s

SOURCE dyz1 - p

！FR20 - FR44 货舱

SPACE hc1

X #20 #44

APOINTS (4.3 0.9) (-4.3 z+)

FPOINTS

！FR44 - FR56 舷边空舱(左)(右)

SPACE kc3 - p

X #44 #56

APOINTS (4.3 z −)(y + z +)

FPOINTS

MIRROR kc3 − s

SOURCE kc3 − p

！FR56 − FR68 舷边空舱(左)(右)

SPACE kc4 − p

X #56 #68

APOINTS (4.3 z −)(y + z +)

FPOINTS

MIRROR kc4 − s

SOURCE kc4 − p

！FR44 − FR68 底压载舱(左)(右)

SPACE dyz2 − p

X #44 #68

APOINTS (0 z −)(4.3 0.9)

FPOINTS

MIRROR dyz2 − s

SOURCE dyz2 − p

！FR44 − FR68 货舱

SPACE hc2

X #44 #68

APOINTS (4.3 0.9) (− 4.3 z +)

FPOINTS

！FR68 − FR80 舷边空舱(左)(右)

SPACE kc5 − p

X #68 #80

APOINTS (4.3 z −)(y + z +)

FPOINTS

MIRROR kc5 − s

SOURCE kc5 − p

！FR80 − FR92 舷边空舱(左)(右)

SPACE kc6 − p

BOOL d7 + d8

MIRROR kc6 − s

```
SOURCE kc6 – p


！ FR44 – FR68 底压载舱(左)(右)
SPACE dyz3 – p
BOOL d3 + d4
MIRROR dyz3 – s
SOURCE dyz3 – p


！ FR68 – FR92 货舱(左)(右)
SPACE hc3 – p
BOOL d5 + d6
MIRROR hc3 – s
SOURCE hc3 – p


！ FR20 – FR92 货舱(贯通大货舱)
SPACE hc – all
BOOL + hc3 – s + hc3 – p + hc2 + hc1


！ 艏尖舱
SPACE sjc
X #92 x +
APOINTS
FPOINTS

！ ＊＊＊＊＊＊＊＊＊＊＊＊＊＊＊＊＊＊＊＊＊＊＊＊＊＊＊
```

执行以上命令流,COMPASS 软件在"船壳"-"对象"-"舱室"窗口新增全船各个舱室对应的舱室体(具体清单见命令流中的注释),在图形输出窗口生成如图 8-9 所示全船舱室建模图。

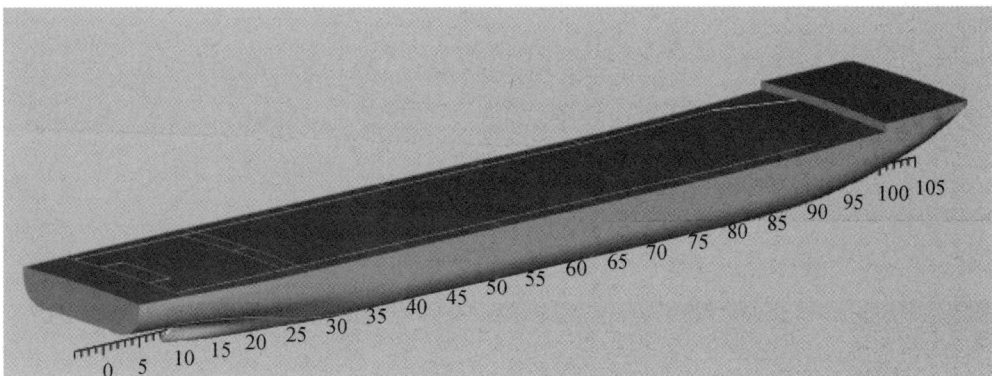

图 8-9 全船舱室建模图

至此,1 000 t 多用途船从几何曲面建模到船壳建模,再到舱室建模全部完成,并另存文件"1 000 t 多用途船 20180825. csx"。

关于舱室建模的方法,一方面 COMPASS 软件具有很强的定义规则性,另一方面在实际应用时方法具有多样性,读者朋友以后可以加强练习、逐步熟练掌握舱室建模的规则和方法,努力提高建模技能。

下一章将带领大家继续学习 COMPASS 软件的计算模块。

第 9 章 性 能 计 算

9.1 性 能 计 算 概 述

COMPASS 软件船舶性能计算由静水力、舱容曲线、完整稳性、许用重心高度、破损稳性和倾斜试验 6 个计算模块组成。在这些计算模块中,船舶主要要素直接引用全局船舶信息,即通过"船舶"主菜单设定,详见"7.2.1 新建文件和船舶信息输入"。

本章性能计算总体思想是建立与船壳模型相关的全部稳性分析模型,这里比较详细地介绍了静水力计算模块操作的全过程,即"创建"-"计算"-"读入"-"输出"。其他计算模块仅介绍数据输入方法,每个计算模块的操作流程与静水力模块的完全一样。每个模块中需要填写许多原始参数,限于篇幅不可能全部罗列,可以参见附录 B、附录 C 和附录 D 中的相关参数,这些计算结果均以中华人民共和国海事局发布的船舶性能衡准为依据[4]。

9.2 静 水 力 计 算

9.2.1 创建稳性计算模块

把 COMPASS 软件工具栏的工作空间从 船壳 切换到 分析 模块,那么在界面右侧会自动出现一个操作菜单,首先在"操作"窗口选择"创建",然后在其下方方框中勾选需要创建的模块,它们依次是"静水力""舱容曲线""完整稳性""许用重心高度""破损稳性"和"倾斜试验"。每次勾选时,不一定要全选,可以按顺序分步选择相应的计算模块。

本章仍以 1 000 t 多用途船的稳性计算为例,首先学习静水力计算模块。

第一步用鼠标左键点击选择计算模块前的小方格 ✔,依次勾选"静水力""舱容曲线""完整稳性""许用重心高度"和"破损稳性"这 5 个模块,如图 9 - 1 所示为操作菜单。

第二步用鼠标左键点击操作菜单下方的"应用"按钮,COMPASS 界面左侧的对象窗口立即弹出对应的分析模块,如图 9 - 2 所示。

9.2.2 静水力建模

鼠标左键双击对象菜单"船舶稳性"内的"静水力"文字

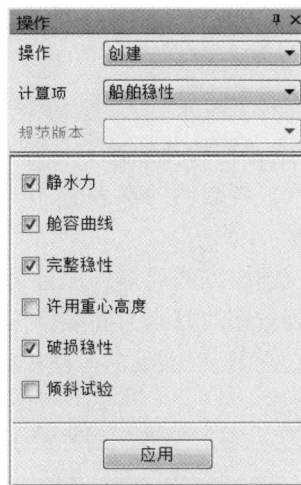

图 9 - 1 操作菜单

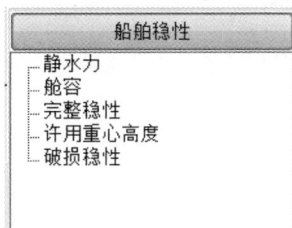

9 - 2 稳性建模模块

图标,COMPASS 软件弹出"静水力"主菜单,它包括基本信息、船壳、进水点和入水出水点 4 个子菜单,如图 9 - 3 所示。

不同的船型和航区,对应图 9 - 3 所显示项目的参数略有差别,一般只需填写空缺单元格,深色区域是软件固定内容,无须填写或修改。若是双体船,则在 ▢ 内点击鼠标左键打勾。

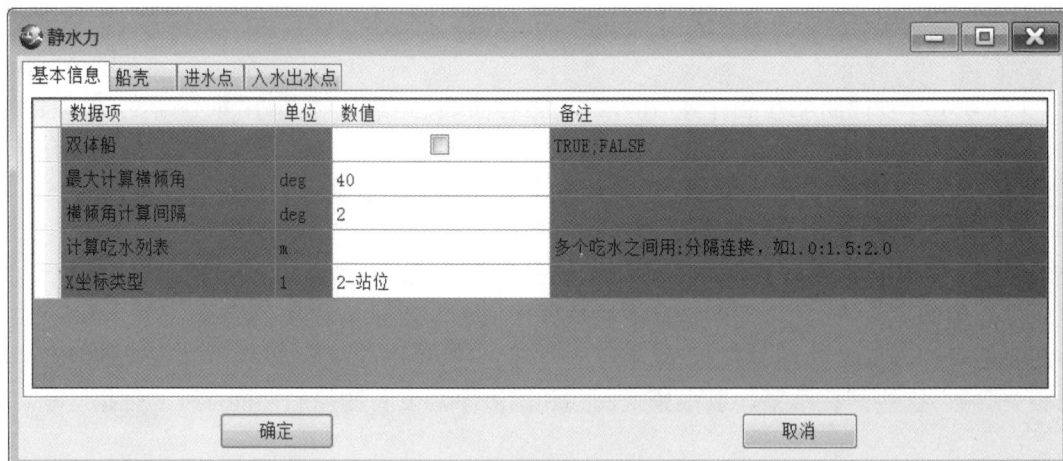

图 9 - 3 静水力菜单

以下是 1 000 t 多用途船静水力模块内 4 个子菜单的填表数据。

1. 基本信息

计算吃水列表"数值"项,双击可弹出吃水列表,在"吃水列表"点右键可弹出初始化弹框,通过初始化快速定义等吃水间隔吃水列表,并可通过修改或插入增加需要计算的其他吃水。各数值为吃水值,用分号隔断,也可以用逗号或空格符隔断,吃水数值的单位是 m,如图 9 - 4 所示。

建模完成后第一次计算静水力,可定义比较小的吃水间隔,如 0.02 m 至 0.05 m,这样得到较密的静水力曲线,可通过检查排水体积曲线是否为递增曲线检查所创建的模型是否存在漏洞、表面反向等建模错误。

图 9 - 4 基本信息

2. 船壳

"船壳"是指船壳系数的选取。第一列"ID"可任意文字、字符,对于仅有一个主船体模型的常规船而言,采用最简单识别码为"1";第五列"船壳参数",输入 1.006,其余选项用鼠标点击对应空格,选取相应的对象,如图9-5所示。

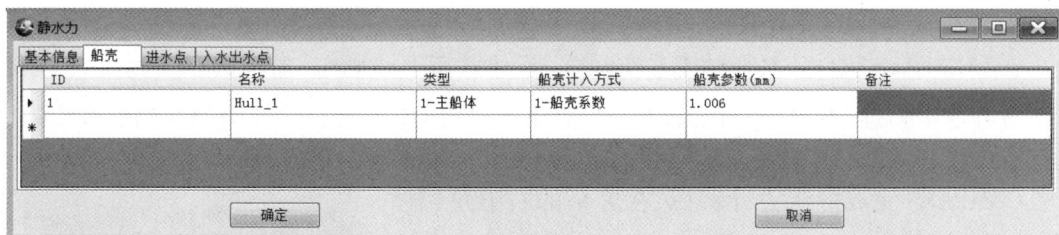

图9-5　船壳

3.进水点

第一列"位置ID"填写进水点的位置,尽量标识清楚,当然也可以简化。X、Y、Z是对应进水点的三维坐标值,单位为m。本船的进水点如图9-6所示。

位置ID	X(m)	Y(m)	Z(m)
机舱门槛	8.45	4	3.72
货舱尾	9.98	4.3	3.5
货舱中	27.9	4.3	3.5
货舱首2	46.04	4.3	4
货舱首1	50.3	4.3	4.115
尾甲板舱口盖	0	2.26	3.63
首甲板舱口盖	50.77	2.85	4.35

图9-6　进水点

4.入水出水点

第一列"位置ID"填写标识码,尽量标识清楚,当然也可以简化,如这里识别码为"船舯"。第二列"横剖面X"是选取的入水点和出水点的纵向位置,本船选取船舯剖面的位置,在此处可填写"$10"或者"27.9 m",用肋位形式填写也行。$Y$、$Z$是对应入水点和出水点的二维坐标值,单位为m。本船的入水出水点如图9-7所示。

位置ID	横剖面X(m)	入水点Y(m)	入水点Z(m)	出水点Y(m)	出水点Z(m)
船舯	27.9	5.4	3.5	4.736	0.45

图9-7　入水出水点

当以上四个子菜单"基本信息"、"船壳"、"进水点"和"入水出水点"全部输入完毕后,可点击"静水力"主菜单下方的"确定"按钮,结束静水力数据输入。

9.2.3 静水力计算

在 COMPASS 软件工具栏的工作空间 分析 模块状态下,"操作"窗口选择"计算",然后在其下方方框中勾选"静水力"计算模块,再点击下方"应用"按钮,软件即刻开始静水力数据的计算工作,如图 9-8 所示。

COMPASS 完成静水力计算后,在屏幕的右下角"输出"窗口依次提示:

①计算"船舶稳性. 静水力";
②已生成稳性计算数据文件;
③已完成静水力计算。

9.2.4 静水力计算结果读入与输出

把 COMPASS 软件工具栏的工作空间从 分析 切换到 结果 模块,那么在屏幕右侧的操作菜单中,首先在"操作"窗口会自动出现"读入",然后在其下方方框中勾选"静水力",再点击"应用"按钮,如图 9-9 所示。很快屏幕右下角输出窗口就会提示:读入"船舶稳性. 静水力",即表示 COMPASS 软件已经顺利完成静水力计算结果的"读入"过程。

完成"读入"后,用鼠标左键点击操作窗口,把"读入"切换为"输出",如图 9-10 所示,然后勾选下方菜单中的"静水力",继续用鼠标左键点击操作菜单底部的"应用"按钮,COMPASS 则在原设定的工作文件夹中输出静水力计算结果的 PDF 文件,电脑也会自动打开这个 PDF 文件,供使用者阅读,同时在 COMPASS 界面右下方的"输出"窗口会提示如图 9-11 所示的内容。

这样船舶静水力模块就完成了从创建静水力-输入静水力信息-计算静水力-读入静水力-输出静水力的全过程。

一旦读者们弄懂了"静水力"模块的全过程后,COMPASS 软件中"舱容曲线""完整稳性""许用重心高度""破损稳性"和"倾斜试验"这些模块的操作流程如出一辙,每个模块的差别仅仅在于输入数据的格式和要求不一样而已。以下关于其他计算模块,本书仅提供相应数据输入范例,不再详述"读入"和"输出"操作过程。

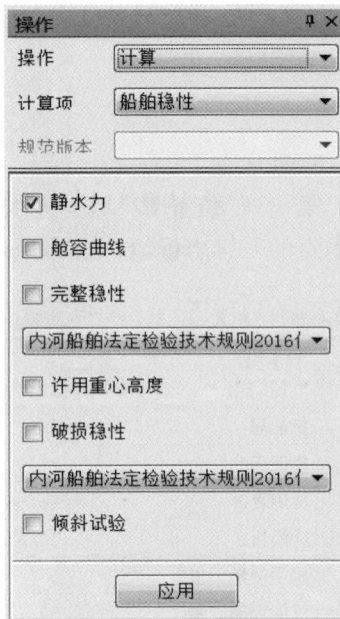

图 9-8　静水力计算

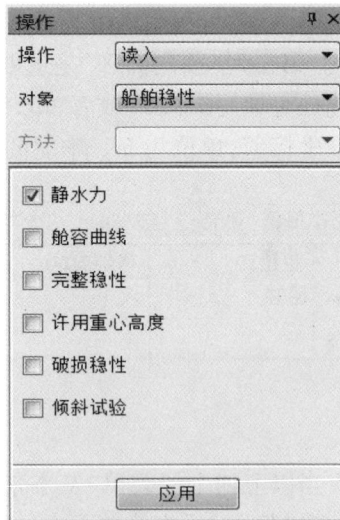

图 9-9　静水力读入

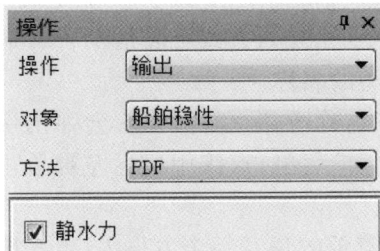

9-10 静水力输出

图 9-11 完成静水力计算报告提示

9.3 舱 容 曲 线

把 COMPASS 软件工具栏的工作空间切换到 [分析] 模块,鼠标左键双击对象菜单"船舶稳性"内的"舱容"文字图标后,COMPASS 软件弹出"舱容"信息菜单,它包括舱室 ID、舱室名称、类型、舱容系数、渗透率、默认密度、关联进水点、备注这些单元项,如图 9-12 所示。

舱室 ID	舱室名称	类型	舱容系数	渗透率	默认密度(t/m3)	关联进水点	备注
舵机舱	djc	2-机器处所	0.98	0.85		尾甲板舱口盖	
清水舱	qsc	E-淡水舱	0.98	0.95	1.00		
机舱	jc	2-机器处所	0.98	0.85		机舱门槛	
NO.0舷边空舱-左	kc0-p	3-空舱处所	0.98	0.95			
NO.0舷边空舱-右	kc0-s	3-空舱处所	0.98	0.95			
NO.0底压载舱-左	dyz0-p	A-压载舱	0.98	0.95	1.00		
NO.0底压载舱-右	dyz0-s	A-压载舱	0.98	0.95	1.00		
燃油舱-左	ryc-p	B-燃油舱	0.98	0.95	0.9		
燃油舱-右	ryc-s	B-燃油舱	0.98	0.95	0.9		
NO.1舷边空舱-左	kc1-p	3-空舱处所	0.98	0.95			
NO.1舷边空舱-右	kc1-s	3-空舱处所	0.98	0.95			

图 9-12 舱容信息表

第一列"舱室 ID"填写舱室的标识码,尽量与总布置图的舱室名一致;

第二列"舱室名称"就是第8章舱室建模所对应"舱室模型的名称",如舵机舱的模型名称为"djc"、机舱的模型名称为"jc",输入方式可以是以下3种:

（1）直接输入对应舱室模型的名称。

（2）用鼠标左键双击舱室名称方格,COMPASS 会弹出所有已见建好的"舱室模型的名称"菜单,直接用鼠标左键单击选中。

（3）把鼠标光标置于舱室菜单的任意一个方格内,单击鼠标右键,屏幕出现"初始化"字样,点击确认,那么 COMPASS 会自动生成所有已建好的"舱室模型的名称",即舱室名称,然后增加、修改每一个舱室其他相关的单元项,当然对于不需要的舱室,可以用"Delete"直接删除。总之,这是最快捷的批量处理的方法。

第三列"类型",用鼠标左键双击类型方格,COMPASS 会自动弹出舱室类型的选项,软件事先已经把舱室类型设置妥当,只需要用鼠标左键单击选取对应的类型即可。具体舱室的类别如图9-13所示。

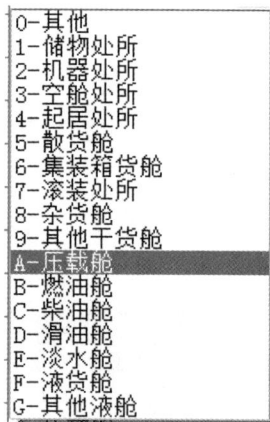

```
0-其他
1-储物处所
2-机器处所
3-空舱处所
4-起居处所
5-散货舱
6-集装箱货舱
7-滚装处所
8-杂货舱
9-其他干货舱
A-压载舱
B-燃油舱
C-柴油舱
D-滑油舱
E-淡水舱
F-液货舱
G-其他液舱
```

图9-13　舱容类别选项

第四列"舱容系数"、第五列"渗透率"、第六列"默认密度"这3项,COMPASS 软件会根据舱室类型自动选取相应的参数,也允许自行设定。

第七列"关联进水点",凡与静水力计算模型中设定的进水点相关联的舱室,可在此处用鼠标左键双击单元格,屏幕会弹出前述所有的进水点选项,用鼠标单击选取该舱室对应的进水点,当一个舱室对应多处进水点时,该选项可以多选。

当被选定的舱室信息全部输入完毕后,用鼠标左键单击"舱室"菜单下方的"确定"按钮,即完成了舱容曲线计算模型工作。

剩下的程序,如同前述船舶静水力计算模块一样,首先计算舱容曲线、然后再读入舱容曲线、输出舱容曲线,就完成了全部舱容曲线模块的工作,即在指定的工作文件夹中生成 PDF 版的舱容曲线计算报告,计算机也会自动打开这个文件,也可以直接在 COMPASS 软件"结果"中显示计算结果和相关曲线。

9.4　完　整　稳　性

鼠标左键双击对象菜单"船舶稳性"内的"完整稳性"文字图标,COMPASS 软件弹出"完整稳性"主菜单,它包括基本信息、空船重量[①]、装载项、受风面积和完整工况5个子菜单。完整稳性的数据建模工作就是分别完成这5个子菜单相关参数的输入。

对于客船、货船、工程船等各类船型,《内河船舶法定技术检验规则》制定了不同的技术指标和稳性衡准,COMPASS 软件涵盖了各类内河船舶的稳性计算程序,每种船型的输入条件略有差,不可能一一罗列,以下通过1 000 t 多用途船装载散货为例,来介绍船舶完整稳性建模的基本流程。

第一步是填写基本信息。主要完成"船舶类型""非满实受风面积""计算吃水列表""X

---

① 这里的"重量"是船舶行业的习惯用法,在此书中"重量"表示"质量"。

坐标的类型"和"侧投影计算纵剖面列表",具体的输入参数如图9－14所示。

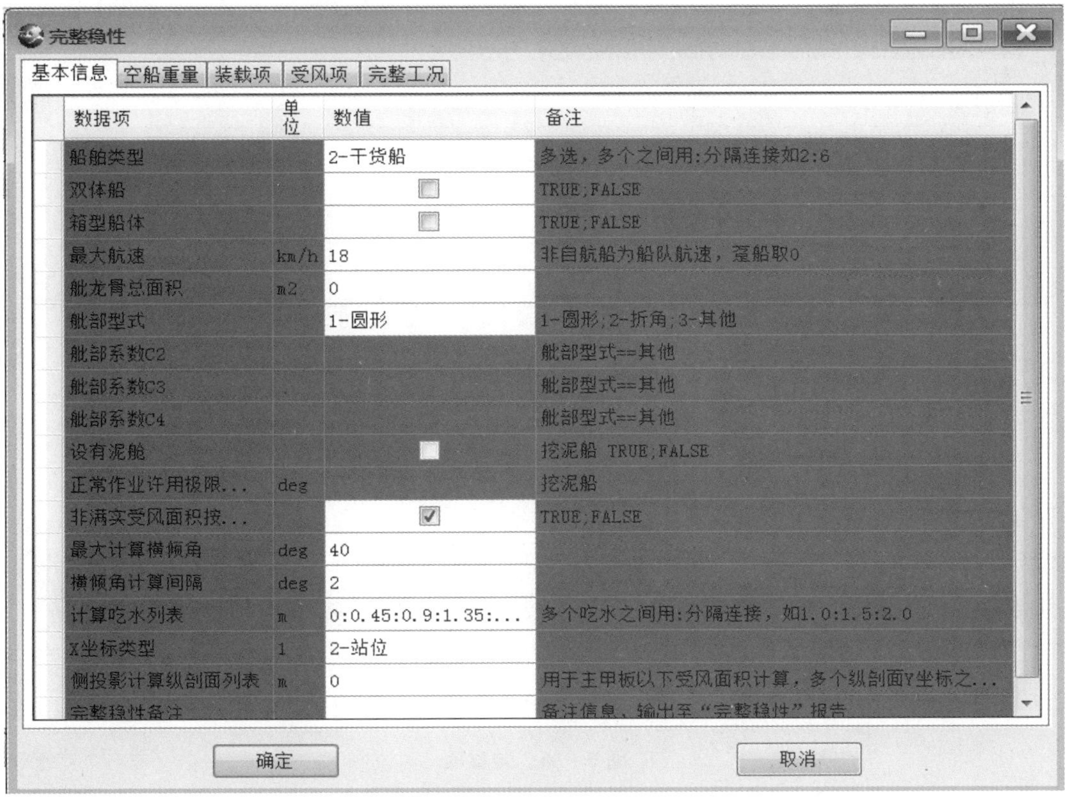

图9－14　稳性基本信息

第二步输入空船重量。这些重量项目可以分解得很细致,也可以粗略划分。本船空船重量具体的输入参数如图9－15所示。注意在COMPASS软件中,每一个重量项目都必须填写它的纵向分布范围,即尾端、首端参数,如果该船需要进行总强度和屈曲强度计算,那么务必准确填写。

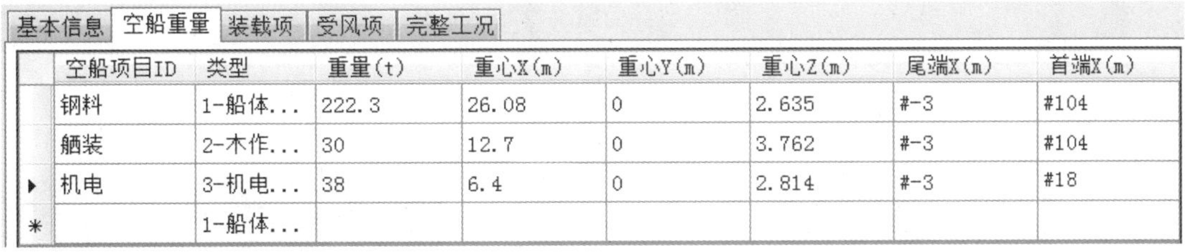

基本信息	空船重量	装载项	受风项	完整工况			
空船项目ID	类型	重量(t)	重心X(m)	重心Y(m)	重心Z(m)	尾端X(m)	首端X(m)
钢料	1-船体…	222.3	26.08	0	2.635	#-3	#104
舾装	2-木作…	30	12.7	0	3.762	#-3	#104
机电	3-机电…	38	6.4	0	2.814	#-3	#18
*	1-船体…						

图9－15　空船重量

第三步输入装载项。如图9－16所示,其中"装载项ID"和"装载子项ID"中具体装载项的名称由使用者自行命名并输入,每一个"装载项"在下方"装载子项"表中可以输入一个或者若干个载荷,比如"船员及行李"装载项的子项只有一个,子项的ID名称为"1"、重量0.84 t、XYZ重心坐标值分别输入3.44,0,7.14。而"燃油舱"的子项有两个,即左燃油舱和右燃油舱,在子表中两行输入,如图9－17所示。

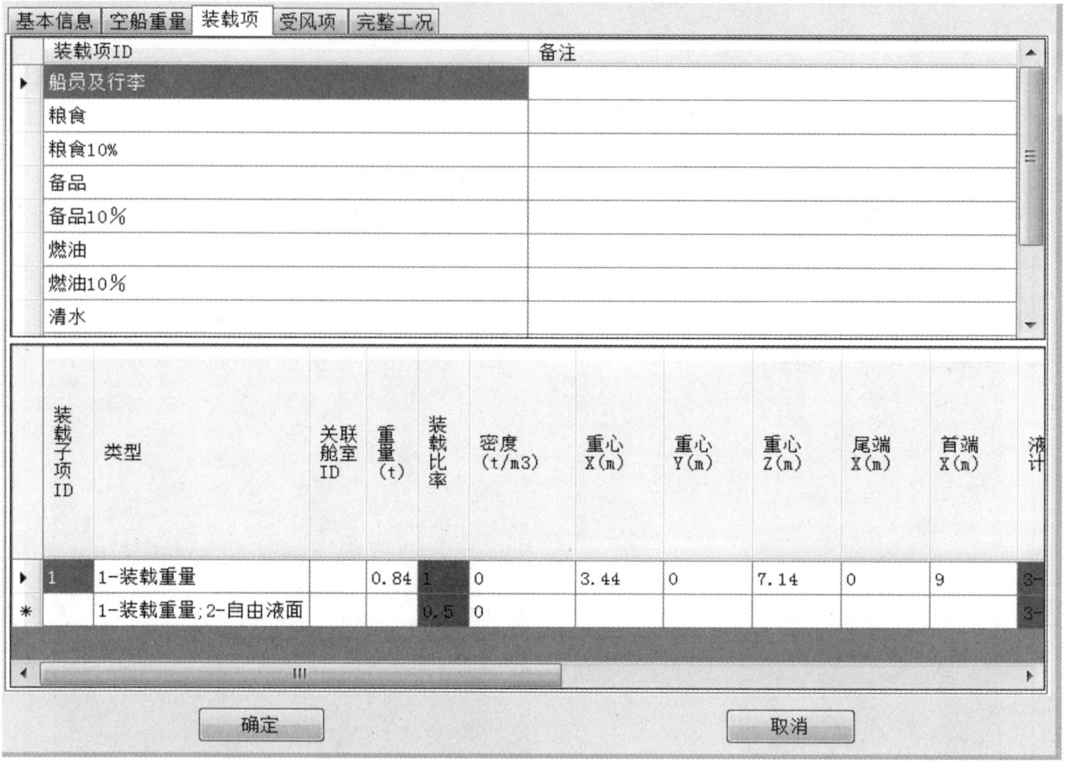

图 9 – 16　装载项

对于液货舱，可以在"关联舱室 ID"这一栏直接点击选取对应的关联舱室，然后输入装载比率，如图 9 – 17 所示，关联舱室分别为"燃油舱 – 左"和"燃油舱 – 右"、装载比率为"1"，COMPASS 软件在稳性计算时会自动计算出该舱室的具体装载量。当然，也可以像常规重量那样，直接在重量栏输入重量值。

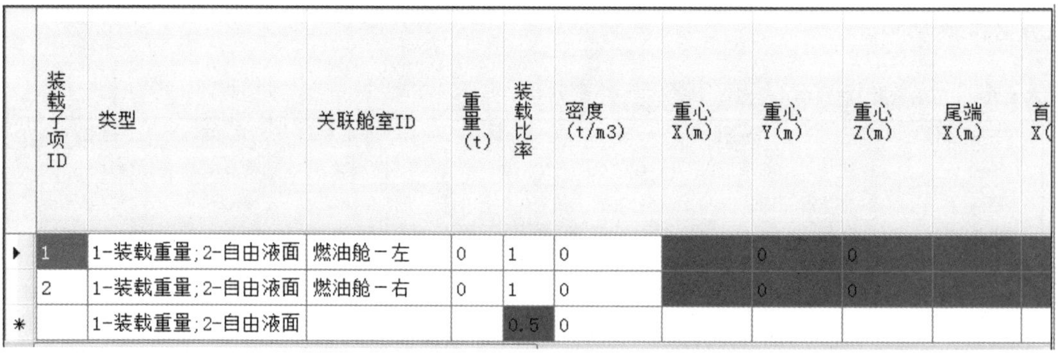

图 9 – 17　装载子项

第四步输入受风项。如图 9 – 18 所示，按分项填表即可，其中散货货物超出舱口尾板部分的受风面积、受风中心高度以及散货装载的重心高度、楔形散货滑移重量都可利用 COMPASS 软件提供的"散货装载计算器"计算出来。

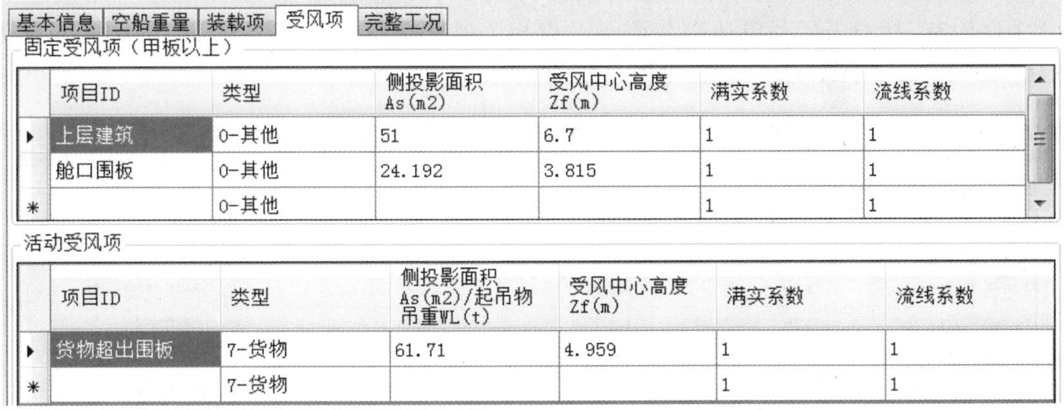

固定受风项（甲板以上）

项目ID	类型	侧投影面积 As(m2)	受风中心高度 Zf(m)	满实系数	流线系数
上层建筑	0-其他	51	6.7	1	1
舱口围板	0-其他	24.192	3.815	1	1
	0-其他			1	1

活动受风项

项目ID	类型	侧投影面积 As(m2)/起吊物吊重WL(t)	受风中心高度 Zf(m)	满实系数	流线系数
货物超出围板	7-货物	61.71	4.959	1	1
	7-货物			1	1

图 9－18　受风项

第五步确定完整工况。图 9－19 是完整稳性工况，其中除了“工况 ID”是手动输入以外，其余均可用鼠标左键双击空白单元格，系统自动弹出子菜单，然后单击鼠标左键拾取选项。

当一个工况信息输入完成后，用鼠标左键单击这个工况，接着再单击鼠标右键，即可把该工况复制到指定的下一个工况，比如图 9－19 中满载出港工况可复制到空载出港、满载到港工况可以复制到空载到港，后者仅仅只需要分别删除“散货”这个装载项即可，非常便捷。

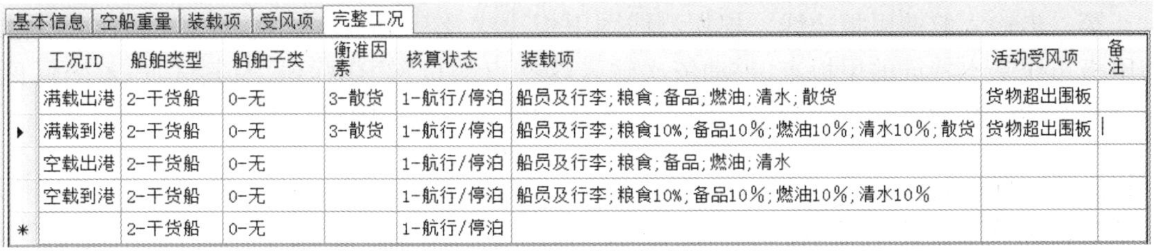

工况ID	船舶类型	船舶子类	衡准因素	核算状态	装载项	活动受风项	备注
满载出港	2-干货船	0-无	3-散货	1-航行/停泊	船员及行李；粮食；备品；燃油；清水；散货	货物超出围板	
满载到港	2-干货船	0-无	3-散货	1-航行/停泊	船员及行李；粮食10%；备品10%；燃油10%；清水10%；散货	货物超出围板	
空载出港	2-干货船	0-无		1-航行/停泊	船员及行李；粮食；备品；燃油；清水		
空载到港	2-干货船	0-无		1-航行/停泊	船员及行李；粮食10%；备品10%；燃油10%；清水10%		
	2-干货船	0-无		1-航行/停泊			

图 9－19　完整稳性工况

完成“完整稳性”数据建模后，依然像前述船舶静水力模块操作过程一样，首先去计算船舶完整稳性，然后再读入、输出完整稳性，至此完成完整稳性模块的工作，即在指定的工作文件夹中生成 PDF 版的完整稳性报告，计算机也会自动打开这个文件，也可以直接在 COMPASS 软件“结果”中显示计算结果和相关曲线。

9.5　破损稳性

鼠标左键双击对象菜单“船舶稳性”内的“破舱稳性”文字图标，COMPASS 软件弹出“破损稳性”主菜单，它包括浸没点、舱壁甲板边线、破损工况 3 个子菜单。破损稳性的数据建模工作就是分别完成这 3 个子菜单参数的输入。

由于 1 000 t 多用途船装载散货航行于 J 级航区，且机舱区未设置双层底和防撞边舱，根据《内河船舶法定技术检验规则》的要求，本船需要校核破舱稳性，以下介绍船舶破舱稳性建模的基本流程。

第一步填写浸没点。输入浸没点的位置 ID 标识、浸没点 X、Y、Z 坐标值,并用鼠标左键在"关联舱室"栏双击后菜单选取与该浸没点相关的舱室模型。本船浸没点的输入数据如图 9 - 20 所示,对于 X 的坐标值,可以是数值、肋位号和站号。

位置ID	X(m)	Y(m)	Z(m)	关联舱室
机舱门槛	8.45	4	3.72	机舱
透气管FR10	#10	4.2	3.8	NO.0舷边空舱－左
透气管FR25	#25	4.2	3.8	NO.1舷边空舱－左
透气管FR38	#38	4.2	3.8	NO.2舷边空舱－右
透气管FR50	#50	4.2	3.8	NO.3舷边空舱－左
透气管FR62	#62	4.2	3.965	NO.4舷边空舱－左
透气管FR74	#74	4.2	4.145	NO.5舷边空舱－左
透气管FR86	#86	4.2	4.325	NO.6舷边空舱－左
尾甲板舱口盖	$0	2.26	3.63	舵机舱
首甲板舱口盖	50.77	2.85	4.35	首尖舱

图 9 - 20　破损稳性浸没点

第二步输入舱壁甲板边线。根据型线图甲板边线及其型值表数据,合理选取能反映舱壁甲板边线基本特征的甲板点,手动依次输入这些点的位置 ID 标识,及其 X、Y、Z 坐标值,不必每个站位都输入。本船舱壁甲板边线具体的输入参数如图 9 - 21 所示。

位置ID	X(m)	Y(m)	Z(m)
尾端	-1.55	4.872	3.618
0站	$0	4.99	3.597
2站	$2	5.324	3.521
5站	$5	5.4	3.5
10站	27.9	5.4	3.5
14站	$14	5.4	3.5
16站	$16	5.4	3.617
FR92-1	#92	5.38	3.83
FR92-2	#92	5.38	4.235
19站	$19	5.285	4.32
20站	$20	5.12	4.382
首端	56.45	4.795	4.4

图 9 - 21　舱壁甲板边线

第三步确定破损工况。如图9－22所示,在弹出的菜单左边"完整工况ID"栏,用鼠标左键双击空白单元格会弹出子菜单,依次点击选取完整工况,如"满载出港""满载到港""空载出港"和"空载到港"。然后在菜单右边"破损舱室组合"栏,用鼠标左键双击空白单元格会弹出子菜单,依次点击选取破损舱室或舱室组合。破损舱室及组合均应满足《内河船舶法定技术检验规则》对该船破损范围的规定。

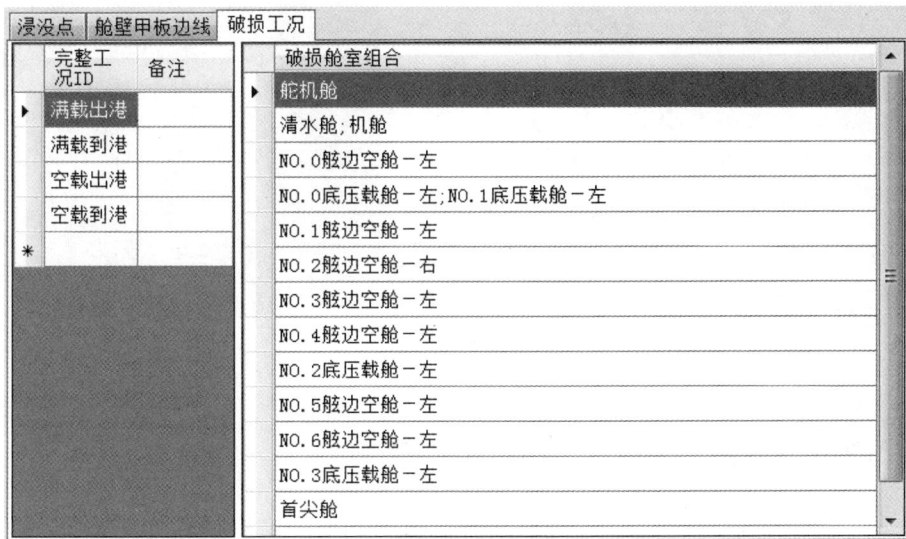

图9－22　破损工况

完成"破损稳性"数据建模后,同样像前述船舶静水力模块操作过程一样,计算船舶破损稳性,然后读入、输出破损稳性报告,在指定的工作文件夹中生成PPT版的破损稳性报告,也可以直接在COMPASS软件中显示结果和曲线。

9.6　许用重心高度和倾斜试验

9.6.1　许用重心高度计算

许用重心高度计算模块,不需要填写数据,只需要按照静水力模块一样的操作流程,就可以完成许用重心高度模块计算。关于许用重心高度计算结果的读入、输出与前面所述静水力、稳性等结果的操作过程完全一样,不再赘述。

9.6.2　倾斜试验计算模块

鼠标左键双击对象菜单"船舶稳性"内的"倾斜试验"文字图标,COMPASS软件弹出"倾斜试验"主菜单,它包括基本信息、试验初始状态、试验时装载状态和横倾测量读数共4个子菜单。倾斜试验的数据建模工作就是分别完成这4个子菜单参数的输入。

第一步填写基本信息。图9－23为倾斜试验基本信息,图中底色为阴影区的文字为COMPASS软件的固定提示内容,输入对应的"数值"栏即可。

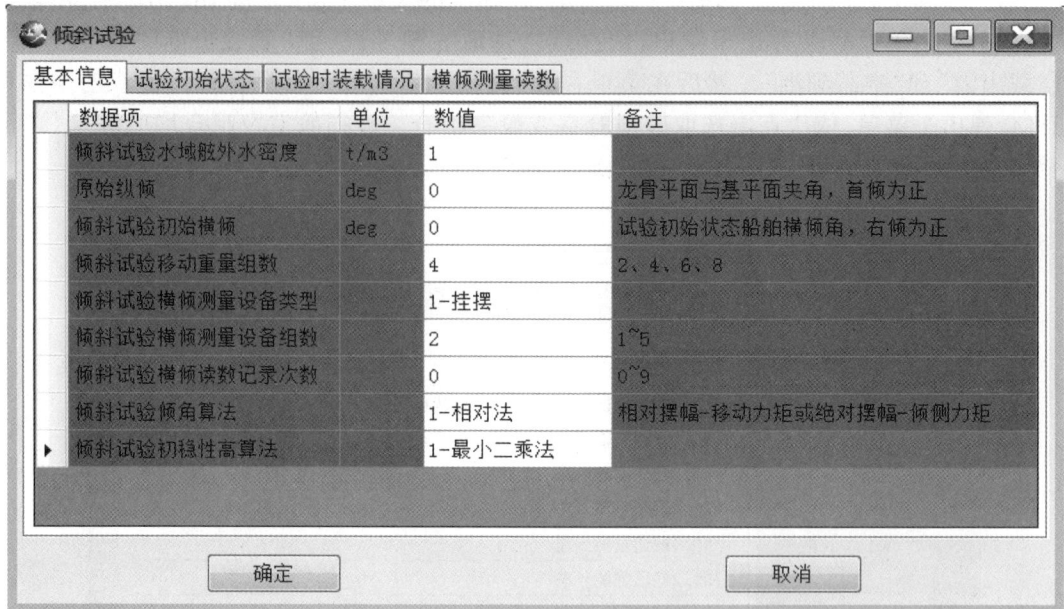

图 9 – 23　倾斜试验基本信息

第二步填写试验初始状态。此步骤包含"试验时吃水"和"试验说明"两部分,如图 9 – 24 所示。

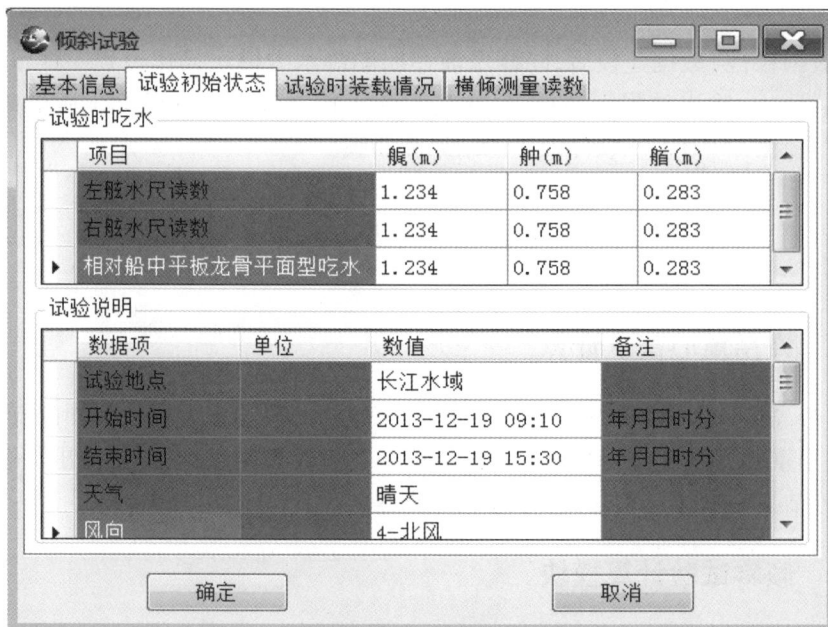

图 9 – 24　试验初始状态

试验时艏艉吃水应该换算为艏、艉垂线处的船舶吃水,然后填入对应表格中。

试验说明部分,主要记录倾斜试验的时间、地点、气象水文、参与试验人员等相关信息。

第三步填写试验时装载情况。此处由"多余重量""不足重量""需重新定位重量"和"自由液面"4 个部分组成,图 9 – 25 为试验时装载状态。

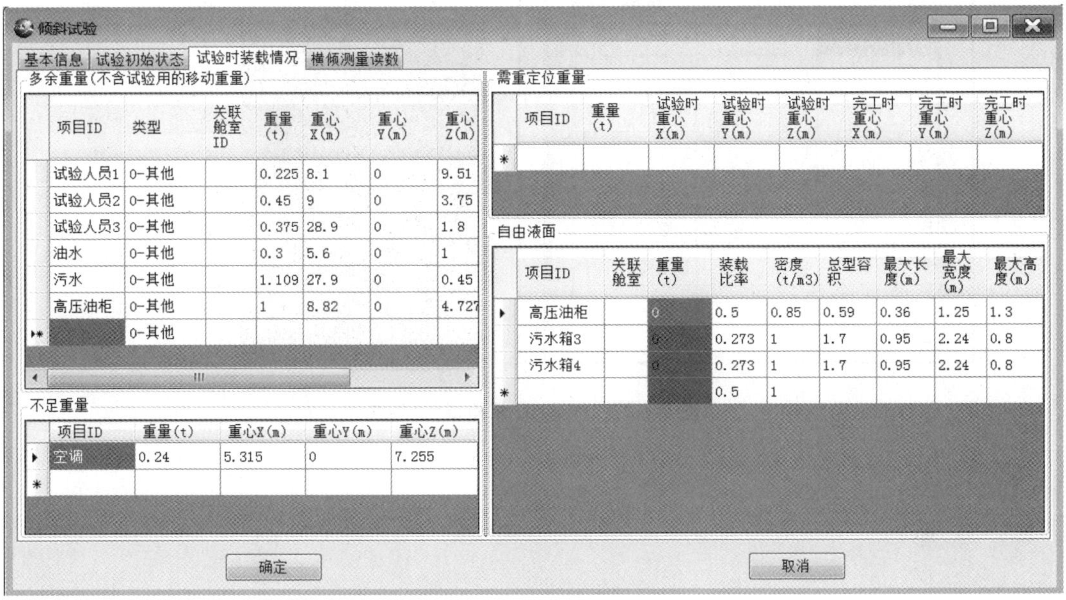

图 9 – 25　试验时装载状态

自由液面表格中"重量"一栏无须填写具体数值,它的重量信息在"多余重量"表格中已经输入过了,由"项目 ID"名称来关联。

第四步填写横倾测量读数。此处由"试验移动重量""试验设备""试验工况"和"横倾数据"4 个部分组成,分别如图 9 – 26 试验移动重量和试验设备、图 9 – 27 试验工况和横倾读数所示。

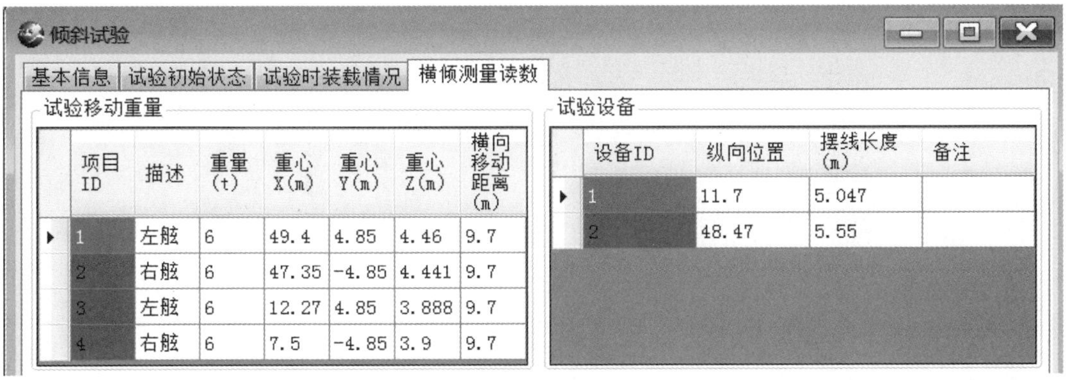

图 9 – 26　试验移动重量和试验设备

完成"倾斜试验"数据建模后,像前述其他计算模块操作过程一样,在"操作"窗口勾选 ☑ ,然后计算、读入、输出倾斜试验报告,并在指定的工作文件夹中生成 PDF 版的倾斜试验报告,也可以直接在"结果"菜单中双击"倾斜试验"图标,屏幕上弹出倾斜试验计算结果。

试验工况

工况ID	变动重量	左舷的移动重量
0		1;3
1	1	3
2	3	
3	1	1
4	3	1;3
5	2	1;2;3
6	4	1;2;3;4
7	4	1;2;3
8	2	1;3

横倾读数

测试设备ID	试验工况ID	平均读数(mm)
1	0	0
1	1	104
1	2	208
1	3	104
1	4	-3
1	5	-107
1	6	-214
1	7	-107
1	8	-1

图 9 – 27　试验工况和横倾读数

第 10 章 高 级 应 用

10.1 特 殊 部 位 建 模

10.1.1 艉封板

艉封板指方形船尾的艉端封板。采用双向投影法,如图 10-1 所示。

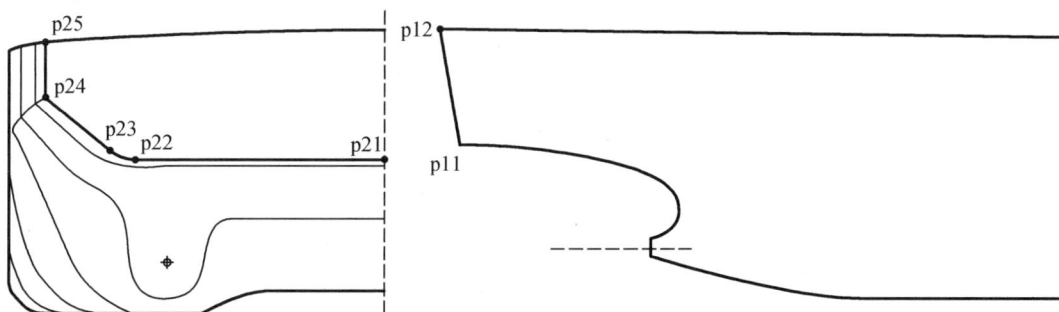

图 10-1 双向投影法

(1)第 1 投影面 XZ:p11,p22

(2)第 2 投影面 YZ:p21,0/,p22,p23,p24,/-,p25

(3)第 1 投影面的 Z 坐标(两个投影面的公共坐标)范围,应包含第 2 投影面的所有节点,即:$Z(p11) \leqslant Z(p21 \sim p25)$,$Z(p12) \geqslant Z(p21 \sim p25)$

10.1.2 升高甲板

升高甲板指部分升高的一段甲板,多设于内河船的首、尾部,如图 10-2 所示。

图 10-2 升高甲板图

按如下顺序构造曲线和曲面:

(1)构造站线(线.平面投影);

(2)构造如图 10-3 至图 10-5 中粗实线所示的 3 条梁拱线(线.抛物线.梁拱或线.椭

圆弧.梁拱）；

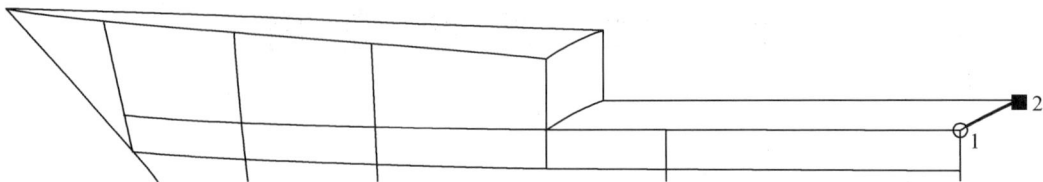

图 10 - 3　梁拱线(1)

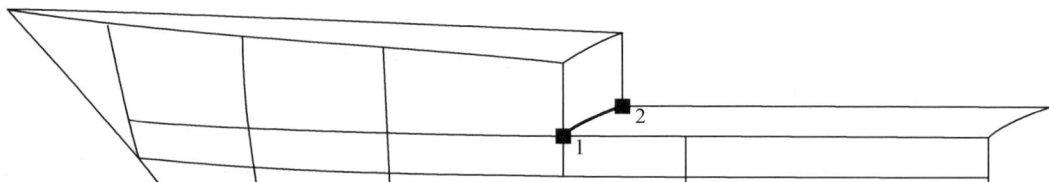

图 10 - 4　梁拱线(2)

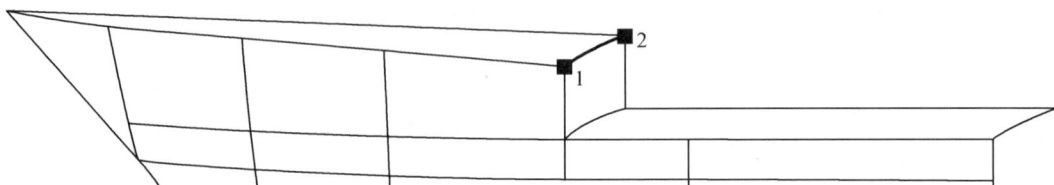

图 10 - 5　梁拱线(3)

（3）构造如图 10 - 6 中粗实线所示的甲板边线（线.XYZ），其中除最首端的点 p8 外，其他节点均直接引用站线（如 p1，p2，p5，p6，p7）或梁拱线（如 p3，p4）等区曲线上的点；

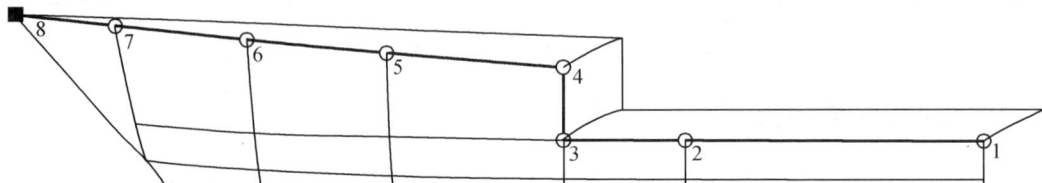

图 10 - 6　甲板边线图

（4）构造如图 10 - 7 所示的加密水线，p1 ~ p5 均直接引用站线上的点；

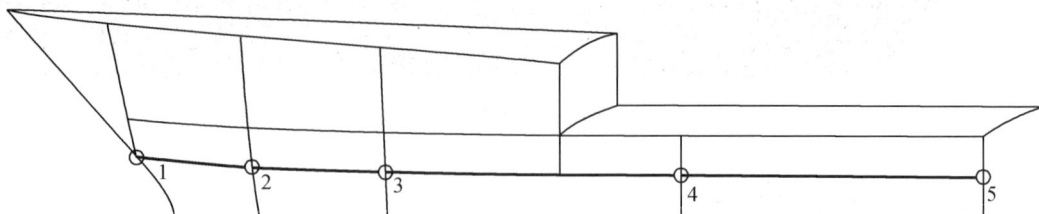

图 10 - 7　加密水线图

(5)构造如图 10 - 8 所示的加密线(线.平面投影.X 位置面),p1 引用梁拱线端点,p2
引用加密水线

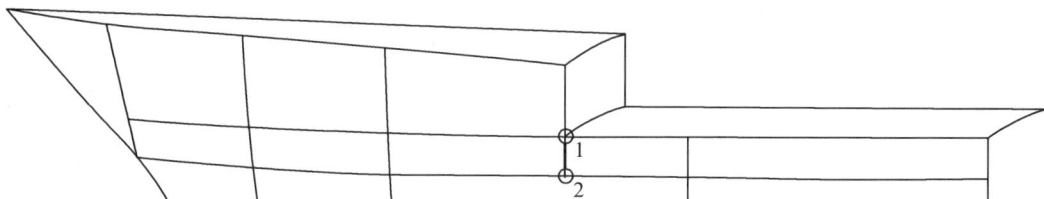

图 10 - 8 加密线图

(6)构造如图 10 - 9 所示的甲板中心线(线.平面投影.Y = 0),p1 ~ p3 引用梁拱线,p4
引用甲板边线;

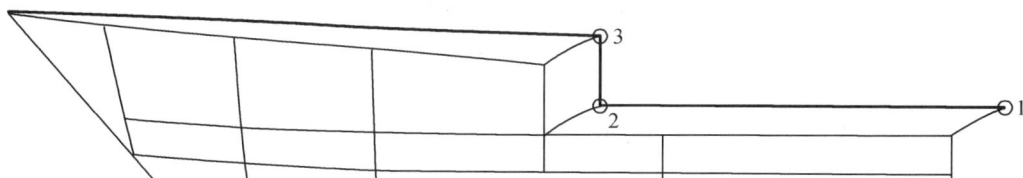

图 10 - 9 甲板中心线图

(7)采用"面.网格线"生成升高甲板面及相邻的外板面:上述(1)~(6)中构造的曲线
作为参数。

10.1.3 球鼻艏

球鼻艏简称球艏,设计水线以下艏前部近似呈球状的船首部,如图 10 - 10 所示。球状
部分又称球鼻,其形式有水滴形、撞角形、圆筒形等多种。

图 10 - 10 球鼻艏模型

采用如下步骤,按顺序构造站线、纵剖线、水线或加密水线,并让它们相互交叉成网状:
(1)采用"平面投影.X 位置面"构造首端站线,如图 10 - 11 所示(站线分成两段时,按
两条曲线构造,S20_1 和 S20_2)。

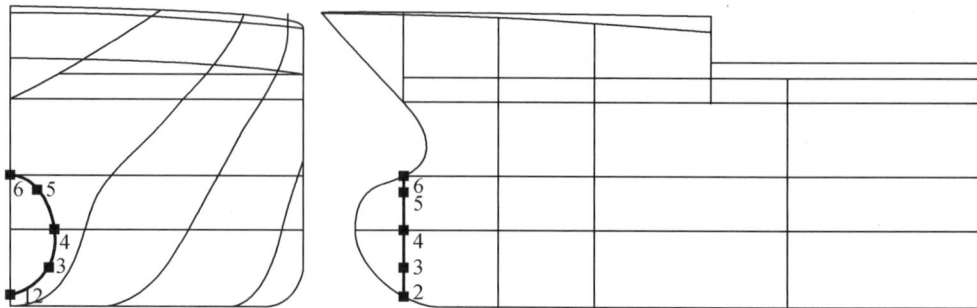

图 10 – 11　球鼻艏首端站线

YZ 形状坐标：p1，/0，p2，p3，p4，p5，180/，p6

（2）采用"平面投影. Y 位置面"构造艏段纵中剖线（图 10 – 12）：Bow_CL。

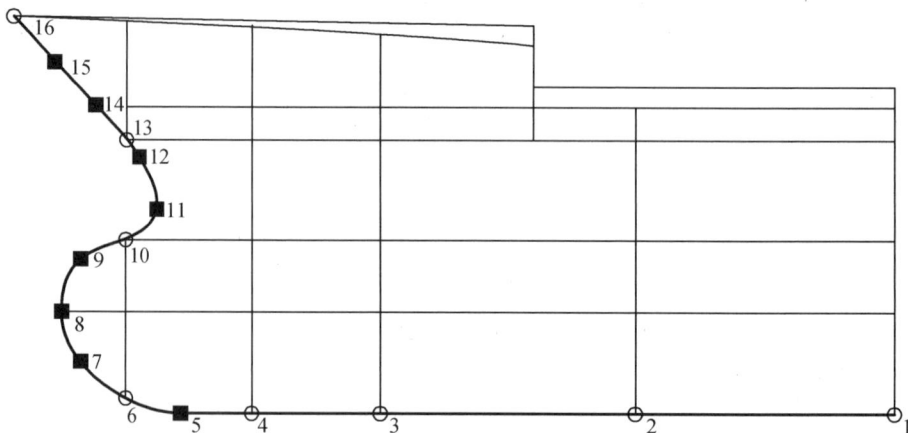

图 10 – 12　艏段纵中剖线

XZ 形状坐标：S17/n = 1，S18/n = 1，S19/n = 1，S19.5/n = 1，p5，/0，S20_1/n = 1，p7，p8，p9，S20_1/n = –1，p11，p12，S20_2/n = 1，p14，p15，Bow_DL/n = –1

注：图中圆圈标记的点，表示引用其他已经存在的曲线（站线/甲板边线等）上的点，如 p1 节点"S17/n =1"表示站线 S17 上的第一个节点。

（3）采用"平面投影. Z 位置面"构造球艏中段水线（仅首端）如图 10 – 13 所示。

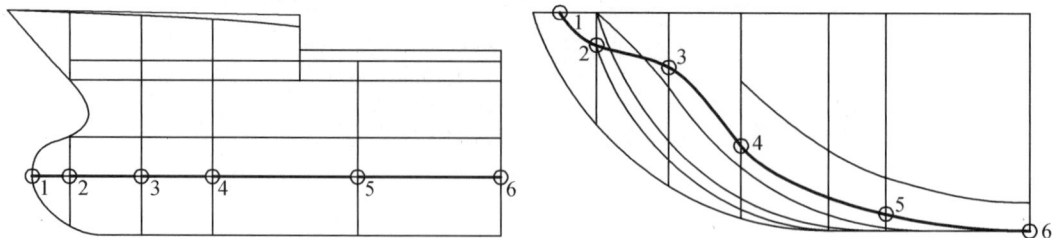

图 10 – 13　球艏中段水线

XY 形状坐标：Bow_CL，S20_1，S19.5，S19，S18，S17

注：p1～p6 节点，全部引用已有曲线上的点；。

（4）采用"平面投影.Z 位置面"构造球艏顶端水线（仅首端），如图 10－14 所示。

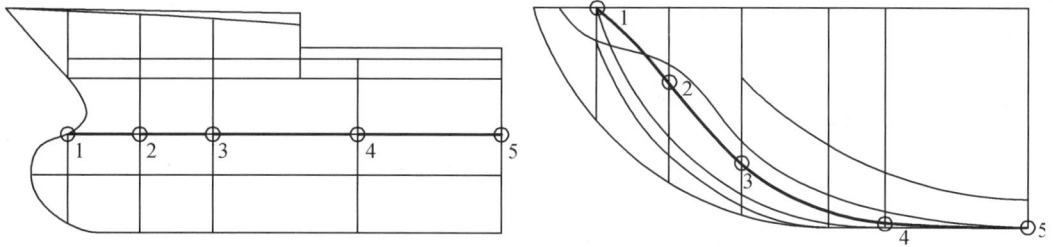

图 10－14　球艏顶端水线

Z 位置坐标：S20_1/n ＝－1

XY 形状坐标：S20_1/n ＝－1，S19.5，S19，S18，S17

注：Z 坐标引用下段站线顶点 S20_1/n ＝－1（也是纵中剖线与站线在该位置处的交点）；p1～p5 节点，全部引用已有曲线上的点。

（5）采用"面.网格线"生成球鼻艏：上述（1）～（4）中构造的曲线作为参数。

10.1.4　轴包套

轴包套是由艉外板和眼镜形肋骨组成的船体两边，突出于船体型表面以外全部或局部围蔽推进器轴或其他外伸部件的水下船体部分，如图 10－15 所示。

图 10－15　轴包套模型

（1）构造艉部站线、艉封板线、梁拱线、甲板边线、甲板中心线、外板折角线；

（2）构造轴包套端面圆（线.椭圆弧.半径），如图 10－16 所示；

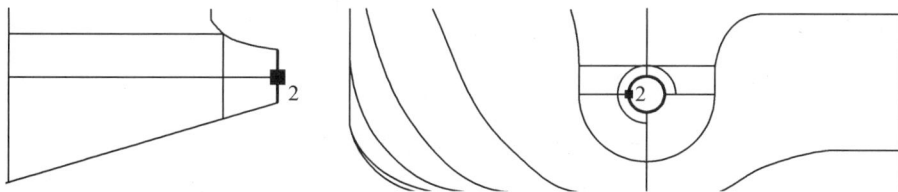

图 10－16　轴包套端面线

(3)构造艉轴包套中心轴位置处的纵剖线或斜剖线(下面按纵剖线示例,即线.平面投影.Y位置面,如为斜剖线则按线.XYZ处理),轴包套上下分两段构造,如图10-17所示;

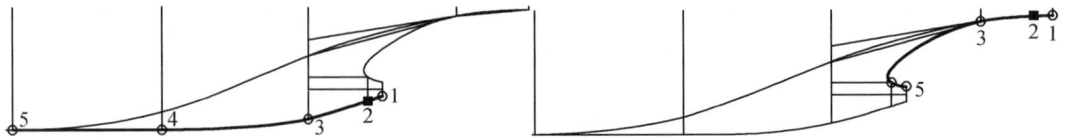

图10-17 轴包套中心轴位置纵剖线

(4)构造与轴包套端面平行的加密线(线.椭圆弧.半径或线.平面投影.X位置面),注意该加密线不能首尾相连成封闭曲线,如图10-18所示;

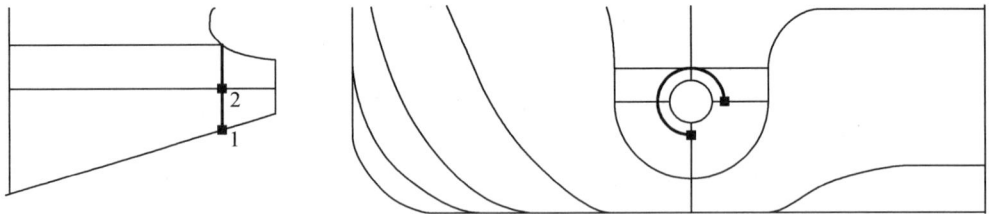

图10-18 轴包套横向加密线

(5)构造轴包套中部加密水线(线.平面投影.Z位置面),轴包套左右各一条,如图10-19所示;

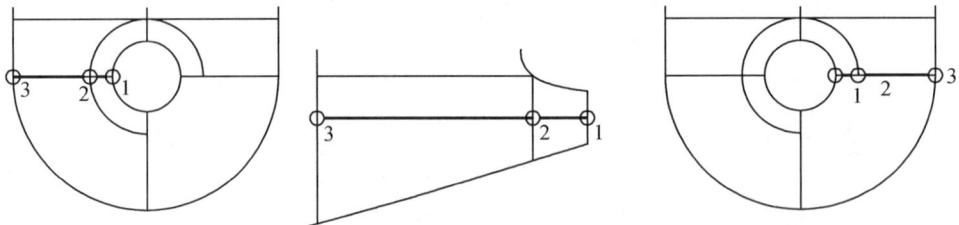

图10-19 轴包套中部水平加密线

(6)构造轴包套顶部加密水线(线.平面投影.Z位置面),轴包套左右各一条,如图10-20所示;

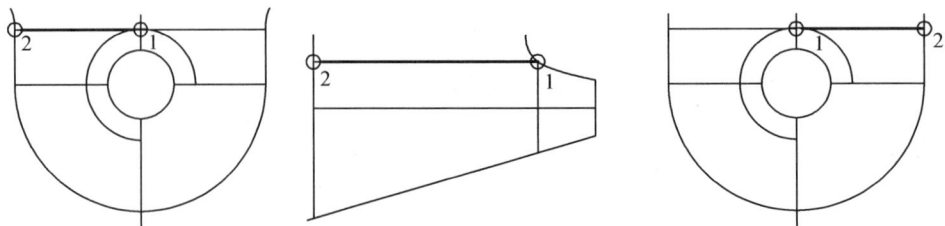

图10-20 轴包套顶部水平加密线

(7)采用"面.网格线"生成轴包套,上述(1)~(6)中构造的曲线作为参数。

10.1.5 艏侧推孔

（1）构造辅助圆柱体（体.圆柱），如图 10 – 21 所示。

CYLINDERSOLID CYLIN

CENTER （95 8 2）（95 – 8 2）

R 1 1

（2）构造侧推孔体（船壳.附体.体组合），主船体与辅助圆柱体布尔求交，如图 10 – 22 所示。

APPENDAGE SideThrustHole

BOOL Hull_1 ＊CYLIN

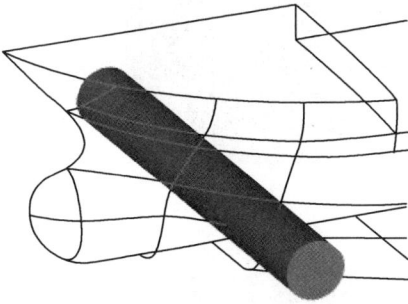

图 10 – 21　艏侧推孔（1）

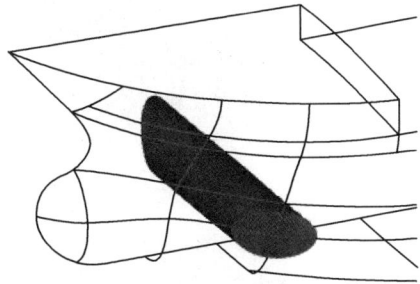

图 10 – 22　艏侧推孔（2）

10.2　特殊船型建模与计算

对于特殊船型，如双体船、油化船、快艇、组合船型，本节仅讲述总体建模思路，供读者参考借鉴，具体建模方法请根据实际项目结合前述各章所学知识，自行编制建模命令流来完成船壳建模工作。

10.2.1 双体船

双体船建模与计算需要注意以下几点：

（1）双体船的主船体部分要将两个片体分开定义为主船体，不可将整船定义为一个主船体。

（2）建模时应以两个片体的中间为中纵剖面（$Y = 0$）。如果建模时是以单个片体的中剖面位于 $Y = 0$，可将其进行"复制"移至两边。

（3）如果双体船的连接桥不提供浮力，则不需要建模；如果连接桥提供浮力，才需要建模。可将一半连接桥与单个片体作为一个单船体建模（此时中纵剖面需要封闭），如图 10 – 23 所示；也可将连接桥作为一个整体单独建模，如图 10 – 24 所示。

Hull_1，含连接桥

Hull_1应包括中纵面成为封闭体

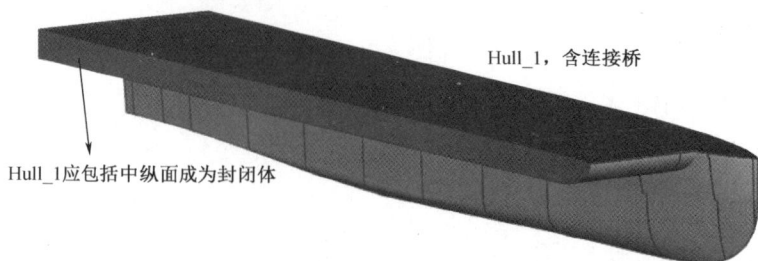

图10-23 一半连接桥与单个片体作为一个单船体建模

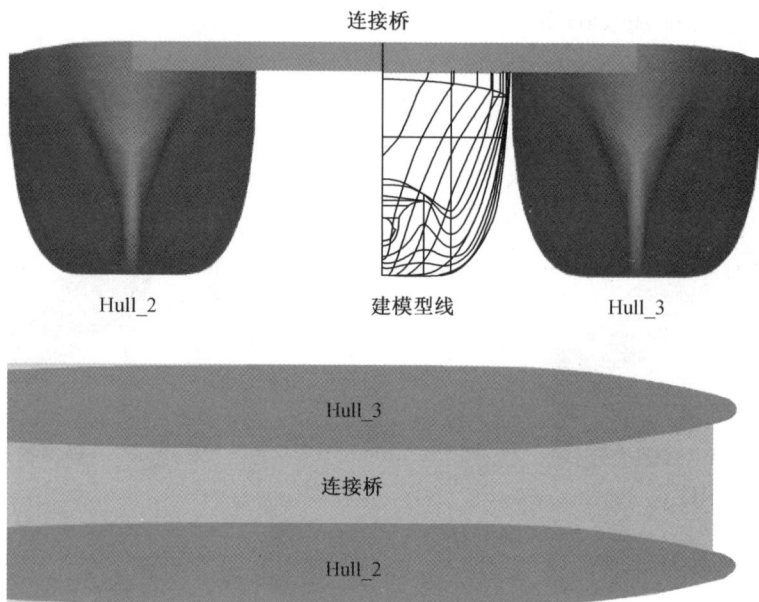

连接桥

Hull_2　　　建模型线　　　Hull_3

Hull_3

连接桥

Hull_2

图10-24 连接桥、两个片体分开建模

(4)双体船计算填写时在"静水力"中的"船壳"中要填两个主船体;在"完整稳性"的基本信息中要勾选"双体船"。

10.2.2 油化船

油化船一般在货舱区设有凸形甲板,且其货舱区的首尾部存在复杂的折边变化。为了方便创建舱室,应将货舱区创建体。具体建模过程如下:

(1)不带凸形甲板的船体部分形成一个船舶外壳体 Hull_1,如图10-25所示;

(2)根据货舱区的外部形状,按照创建船型外壳的方法,由创建线、面、主船体的顺序,创建出含凸型甲板部分的货舱体 Hull_2,如图10-26所示;

(3)采用"创建体-体组合"的方式,用外壳体减去货舱体得到舷边体 Hull_3,如图10-27所示;

(4)采用"创建体-体组合"的方式,用外壳体加上货舱体得到全船体(带凸形甲板) Hull_4,如图10-28所示;

(5)根据货舱体 Hull_2 进行舱室创建,切出货油舱,根据舷边体 Hull_3 进行舱室创建,切出边舱和底舱；

（6）稳性计算时使用全船体（带凸形甲板）Hull_4 为计算主船体。

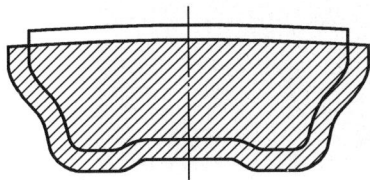

图 10 - 25 外壳体（无凸形甲板）Hull_1

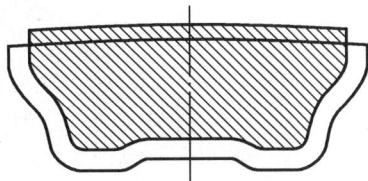

图 10 - 26 货舱体（含凸形甲板）Hull_2

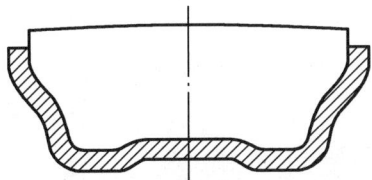

图 10 - 27 舷边体 Hull_3

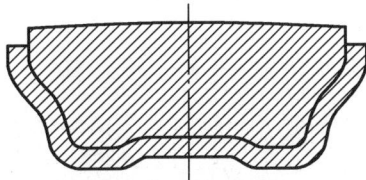

图 10 - 28 全船体 Hull_4

对于不带凸形甲板的油化船，其建模计算过程基本相似。

10.2.3 折线型快艇

高速快艇的横剖面一般都是折线型，且存在几个短边的平折线，如图 10 - 29 所示。对于折线型船舶的建模需要注意以下两点：

（1）必须将横剖线中对应的折角点连接成线，如图 10 - 30 所示。

（2）在平折线的两个端点分别对应的两条折角点连线一般在船首的某个位置会交于一个点，如图 10 - 30 中的 1，2，3 这 3 条线交于一点，4 和 5 这两条线交于一点。对于 4 和 5 两条线这种情况，两条线在交点附近挨得很近（图 10 - 30 中椭圆标识区域），形成一个非常尖细的三角形，在创建面时容易造成面的扭曲。因此，可将两条线中的其中一条微微错开一点，使之不交于一点，比如将线 5 在交点处的 z 坐标增大 2 mm，或者将线 4 在交点处的 z 坐标减少 2 mm，使之在图 10 - 30 中椭圆标识处形成一个四边形，如图 10 - 31 所示。折线型快艇整船建模效果如图 10 - 32 所示。

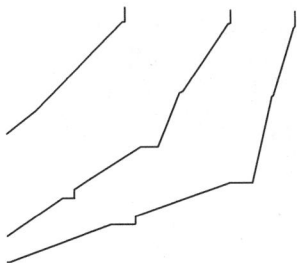

图 10 - 29 折线型横剖线

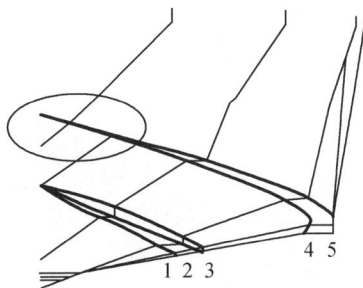

图 10 - 30 折角点的连线

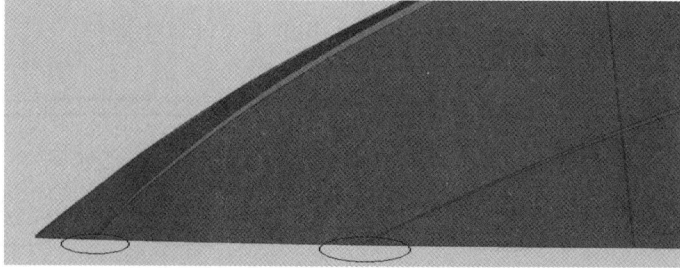

图 10 - 31　两条折角点连线在相交处的处理方式

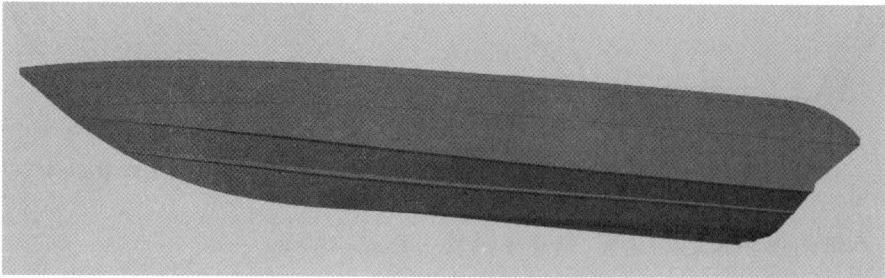

图 10 - 32　折线型快艇整船建模效果

10.2.4　组合式船体

对于由浮箱式组合而成的组合式船体,由于船体外壳比较规则,一般是长方体形状。对于这种船型,可采用多个主船体分别建模的方式,如图 10 - 33 所示的组合式船体,分成 4 个 Hull。

对于 Hull_1,可利用两个长方体进行体组合得到,如图 10 - 33 所示。体组合需要注意之处:减去的体 B 应大于 A 需要扣除的部分,即 B 在 z 方向上要超出 A 的上下表面,B 的 x 负方向上要超出 A 的端面(图 10 - 34 中椭圆标识处端面)。这样体组合运算时不会出错,如果将 B 的尺寸刚好定义为 A 需要扣除部分的大小,则 B 将在上下表面和后端面与 A 对应的端面存在重合,容易使体组合运算出错或卡死。

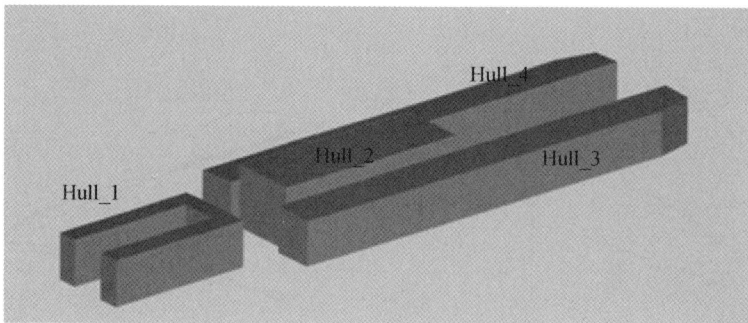

图 10 - 33　组合式船体

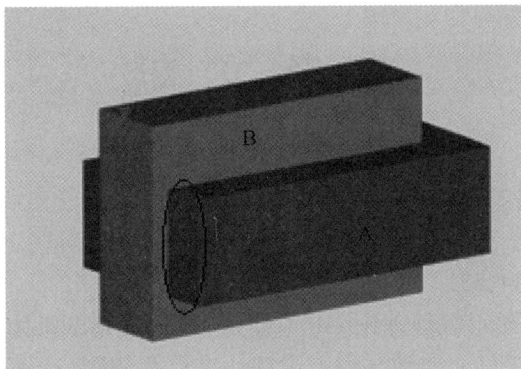

图 10 – 34　两个长方体进行体组合

　　在实际工程应用中,总会出现各式各样的一些特殊船型,读者朋友要灵活运用这些建模思路,具体问题具体分析,努力提高分析问题、解决问题的能力。

参 考 文 献

[1] 盛振邦,刘应中. 船舶原理:上册[M]. 上海:上海交通大学出版社,2003.

[2] 程智斌,魏建志,曾宏军. 计算破损船舶稳性的表面元法[J]. 海军工程大学学报,
     2002,14(4):41 - 44,53.

[3] 马涅采夫 Н Я. 船舶不沉性理论[M]. 北京:国防工业出版社,1977.

[4] 中华人民共和国海事局. 船舶与海上设施法定检验规则(内河船舶法定检验技术规则
     2011)[M]. 北京:人民交通出版社,2011.

附录 A 双艉鳍球艏客船建模命令流

！双艉鳍球艏客船
！主尺度
MAINPRINCIPLE
LPP 58.9
LBD 59.5 15.6 4.3
T 2.9
DSPL 0
CB 0
！船体坐标
HULLCOORD
ORG −1
FR0X 0
FRSPACE（−5 105 0.6）
ST0X 0
STNUM 20
STADD（−3 −8.835）（−2 −5.89）（−1 −2.945）（21 61.845）（22 64.79）（23 67.735）
！横剖线
CURVE weifengban
X −1.8
YZ（0.00 2.81）（1.50 2.81）（2.84 2.85）（3.64 2.90）（4.50 3.09）（5.77 3.60）（6.76 4.40）/ −（6.76 4.66）（6.76 7.05）

CURVE sec0
X $0
YZ（0.00 2.74）（1.50 2.75）（2.84 2.78）（4.27 2.90）（4.50 2.96）（6.00 3.55）（7.08 4.34）/ −（7.08 4.60）（7.08 7.00）

CURVE sec0.5
X 1.81
YZ（0.00 2.62）（1.50 2.62）（2.84 2.65）（3.68 2.71）（4.50 2.85）（5.20 3.06）（6.00 3.45）（7.18 4.32）/ −（7.18 6.96）

CURVE sec1
X $1
YZ（0.00 2.52）（1.50 2.54）（1.64 2.54）/ −（1.79 2.40）（2.17 1.99）（2.30 1.80）（2.43 1.54）（2.50 1.26）（2.61 0.99）（2.84 0.78）（2.97 0.76）（3.13 0.88）（3.19 1.05）（3.19 1.20）（3.12 1.43）（2.86 1.80）（2.64 2.01）（2.34 2.23）（1.70

2.54）/－（2.84 2.56）（4.50 2.75）（5.08 2.90）（6.00 3.31）（7.33 4.28）/－（7.33 6.94）

CURVE sec2

X ＄2

YZ（0.00 1.95）（1.50 1.97）/－（1.83 1.91）（1.97 1.80）（2.28 1.20）（2.53 0.60）（2.84 0.36）（3.04 0.33）（3.25 0.41）（3.45 0.60）（3.55 0.93）（3.53 1.20）（3.28 1.80）（3.07 2.04）/－（4.75 2.40）（5.79 2.90）（6.00 3.03）（7.52 4.22）/－（7.52 4.48）（7.52 6.88）

CURVE sec3

X ＄3

YZ（0.000 1.200）（1.595 1.231）/－（1.784 1.222）（1.869 1.200）（1.979 1.108）（2.304 0.600）（2.473 0.375）（2.707 0.185）（2.840 0.121）（3.065 0.070）（3.405 0.120）（3.702 0.312）（3.855 0.600）（3.858 0.904）（3.750 1.470）/－（4.576 1.800）（5.636 2.400）（6.337 2.900）（7.054 3.600）（7.669 4.160）/－（7.669 6.822）

CURVE sec4

X ＄4

YZ（0.00 0.50）（1.50 0.53）（1.84 0.54）/－（1.94 0.51）（2.12 0.35）（2.33 0.16）（2.84 0.01）（3.07 0.00）（3.65 0.05）（4.04 0.26）（4.15 0.44）（4.15 1.01）/－（4.50 1.18）（5.47 1.80）（6.00 2.22）（6.68 2.90）（7.27 3.60）（7.75 4.10）/－（7.75 4.36）（7.75 6.76）

CURVE sec5

X ＄5

YZ（0.00 0.14）（1.50 0.15）（2.02 0.16）/－（2.16 0.07）（2.46 0.00）（3.07 0）（3.90 0.00）（4.15 0.05）（4.36 0.16）（4.49 0.44）（4.50 0.55）/－（4.68 0.61）（5.67 1.20）（6.22 1.80）（6.62 2.40）（6.92 2.90）（7.36 3.60）（7.80 4.04）/－（7.80 4.3）（7.8 6.72）

CURVE sec6

X ＄6

YZ（0.00 0.00）（3.07 0）（4.71 0.00）/－（4.81 0.03）（4.82 0.09）/－（5.48 0.33）（5.96 0.60）（6.29 0.87）（6.56 1.20）（6.83 1.80）（6.97 2.40）（7.09 2.90）（7.24 3.33）（7.38 3.60）（7.80 4.04）/－（7.80 4.30）

CURVE sec7

X ＄7

YZ（0.00 0.00）/0（3.07 0）（5.38 0.00）/0（6.00 0.10）（6.47 0.32）（6.77 0.60）（7.05 1.20）（7.17 1.80）（7.20 2.09）（7.20 2.90）（7.25 3.24）（7.40 3.60）（7.80 4.04）/－（7.80 4.30）

CURVE sec8

X ＄8

YZ（0.00 0）/0（6.05 0.00）（6.57 0.05）（6.90 0.18）（7.10 0.44）（7.14 0.60）（7.20 1.20）（7.20 2.90）（7.25 3.24）（7.40 3.60）（7.80 4.04）/－（7.80 4.30）

CURVE sec10

X ＄10

YZ（0.00 0）/0（6.05 0.00）（6.57 0.05）（6.90 0.18）（7.10 0.44）（7.14 0.60）（7.20 1.20）/90 90/（7.20 2.90）（7.25 3.24）（7.40 3.60）（7.80 4.04）/－（7.80 4.30）

CURVE sec11

X ＄11

YZ（0.00 0.00）/0（5.66 0.00）（6.00 0.04）（6.44 0.17）（6.76 0.43）（6.87 0.60）（7.03 1.20）（7.05 1.80）（7.07 2.40）（7.10 2.90）（7.17 3.27）（7.33 3.60）（7.55 3.85）（7.80 4.04）/－（7.80 4.30）

CURVE sec12

X ＄12

YZ（0.00 0.00）/0（5.02 0.00）（5.65 0.09）（6.00 0.24）（6.23 0.42）（6.37 0.60）（6.53 0.91）（6.63 1.20）（6.72 1.80）（6.79 2.40）（6.85 2.90）（6.98 3.28）（7.20 3.60）（7.41 3.80）（7.80 4.04）/－（7.80 4.30）

CURVE sec13

X ＄13

YZ（0.00 0.00）/0 0/（4.32 0.00）（4.50 0.01）（4.97 0.13）（5.36 0.34）（5.65 0.60）（6.00 1.18）（6.19 1.80）（6.31 2.40）（6.46 2.90）（6.69 3.34）（6.92 3.60）（7.19 3.78）（7.80 4.04）/－（7.80 4.30）

CURVE sec14

X ＄14

YZ（0.00 0.00）/0 0/（3.50 0.00）（3.98 0.08）（4.50 0.36）（4.77 0.60）（5.00 0.89）（5.17 1.20）（5.40 1.80）（5.65 2.40）（5.88 2.90）（6.00 3.14）（6.22 3.44）（6.43 3.60）（6.72 3.74）（7.25 3.92）（7.80 4.04）/－（7.80 4.30）

CURVE sec15

X ＄15

YZ（0.00 0.00）/0 0/（2.63 0.00）（2.84 0.02）（3.22 0.14）（3.54 0.33）（3.85 0.60）（4.12 0.95）（4.26 1.20）（4.50 1.80）（4.76 2.40）（5.00 2.90）（5.29 3.25）（5.70 3.60）（6.00 3.75）（6.49 3.89）（7.28 4.00）（7.80 4.04）/－（7.80 4.30）

CURVE sec16

X ＄16

YZ（0.00 0.00）/0 0/（1.76 0.00）（2.02 0.02）（2.30 0.09）（2.64 0.26）（2.84 0.43）（2.97 0.60）（3.31 1.20）（3.54 1.80）（3.77 2.40）（4.00 2.90）（4.22 3.20）（4.50 3.47）（4.70 3.60）（5.22 3.82）（6.00 3.98）（6.56 4.04）（7.71 4.09）/－（7.72 4.35）

CURVE sec17

X ＄17

YZ（0.00 0.00）0/（1.06 0.00）（1.37 0.02）（1.50 0.06）（1.78 0.19）（2.02 0.39）（2.18 0.60）（2.41 1.20）（2.54 1.80）（2.68 2.40）（2.89 2.90）（3.19 3.29）（3.69

3.60）（4.50 3.90）（5.35 4.03）（6.00 4.09）（7.28 4.17）／－（7.30 4.42）

    CURVE sec18

    X ＄18

    YZ（0.00 0.00）（0.43 0.00）（0.74 0.04）（1.11 0.20）（1.41 0.46）（1.50 0.60）（1.61 0.91）（1.66 1.20）（1.72 1.80）（1.78 2.40）（1.86 2.90）（2.23 3.36）（2.58 3.60）（2.84 3.72）（3.53 3.96）（4.50 4.15）（6.27 4.28）（6.33 4.54）（6.81 6.92）

    CURVE sec19

    X ＄19

    YZ（0.00 0.05）（0.30 0.09）（0.58 0.24）（0.81 0.43）（0.94 0.60）（1.02 0.80）（1.06 1.07）（1.07 1.20）（1.08 1.48）（1.04 1.80）（0.96 2.15）（0.91 2.40）（0.87 2.72）（0.88 2.90）（0.98 3.16）（1.23 3.42）（1.50 3.60）（2.17 3.89）（2.84 4.07）（3.52 4.18）（4.65 4.33）（4.77 4.60）（5.84 7.01）

    CURVE sec20

    X ＄20

    YZ（0.00 0.47）（0.22 0.52）（0.35 0.60）（0.50 0.76）（0.62 0.99）（0.67 1.20）（0.69 1.34）（0.67 1.62）（0.63 1.80）（0.50 2.10）（0.32 2.40）（0.18 2.58）（0 2.90）（0.12 3.17）（0.31 3.45）（0.46 3.60）（0.64 3.74）（0.98 3.91）（1.50 4.09）（1.94 4.19）／－（2.24 4.60）（4.03 7.06）

    ！梁拱

    PARABOLA lgwfb

    DP weifengban/n ＝ －1

    BfY 15.6 0.15

    PARABOLA lg0

    DP sec0/n ＝ －1

    BfY 15.6 0.15

    PARABOLA lg4

    DP sec4/n ＝ －1

    BfY 15.6 0.15

    PARABOLA lg5

    DP sec5/n ＝ －1

    BfY 15.6 0.15

    PARABOLA lg5x

    DP sec5/n ＝ －2

    BfY 15.6 0.15

    PARABOLA lg7

    DP sec7/n ＝ －1

    BfY 15.6 0.15

    PARABOLA lg8

    DP sec8/n ＝ －1

    BfY 15.6 0.15

PARABOLA lg10

DP sec10/n = − 1

BfY 15. 6 0. 15

PARABOLA lg12

DP sec12/n = − 1

BfY 15. 6 0. 15

PARABOLA lg14

DP sec14/n = − 1

BfY 15. 6 0. 15

PARABOLA lg16

DP sec16/n = − 1

BfY 15. 6 0. 15

PARABOLA lg18

DP sec18/n = − 1

BfY 15. 6 0. 15

PARABOLA lg18x

DP sec18/n = 18

BfY 15. 6 0. 15

PARABOLA lg20

DP sec20/n = − 1

BfY 15. 6 0. 15

! 甲板中心线

CURVE qbsz

Y 0

XZ (58. 9 0. 47) (59. 4 0. 644) (60 0. 994) (60. 244 1. 2) (60. 521 1. 5) (60. 6 1. 8) (60. 51 2. 008) (60. 377 2. 129) (60. 215 2. 198) (60 2. 258) (59. 4 2. 42) (59. 216 2. 493) (58. 96 2. 713) (58. 9 2. 9) / − (59. 63 4. 35) (60. 738 7. 10)

CURVE jbzx0 − 5

XYZ lgwfb/n = − 1 lg0/n = − 1 lg4/n = − 1 lg5/n = − 1

CURVE jbzx5

XYZ lg5/n = − 1 lg5x/n = − 1

CURVE jbzx5 − 18

Y 0

XZ lg5x lg7 lg8 lg10 lg12 lg14 lg16 lg18x

CURVE jbzx18

XYZ lg18/n = − 1 lg18x/n = − 1

CURVE jbzx18 − 20

XYZ lg18/n = − 1 lg20/n = − 1 qbsz/N = − 1

! 甲板边线

CURVE jbb0 − 5

XYZ weifengban/n = −1 sec0/n = −1 sec0. 5/n = −1 sec1/n = −1 sec2/n = −1 sec3/n = −1 sec4/n = −1 sec5/n = −1

CURVE jbb5 − 18

XYZ sec5/n = −2 sec6/n = −1 sec7/n = −1 sec8/n = −1 sec10/n = −1 sec11/n = −1 sec12/n = −1 sec13/n = −1 sec14/n = −1 sec15/n = −1 sec16/n = −1 sec17/n = −1 sec18/n = 18

CURVE jbb18 − 20

XYZ sec18/n = −1 sec19/n = −1 sec20/n = −1 （59. 40 3. 51 7. 08） （59. 88 2. 84 7. 09） （60. 20 2. 26 7. 10） （60. 50 1. 50 7. 11） （60. 65 0. 90 7. 12） qbsz/n = −1

！中纵剖线

CURVE zp0 − 5

Y 0

XZ lgwfb weifengban / − sec0 sec0. 5 sec1 sec2 sec3 sec4 sec5

CURVE zp5 − 18

XYZ sec5/n = 1 sec6/n = 1 sec7/n = 1 sec8/n = 1 sec10/n = 1 sec11/n = 1 sec12/n = 1 sec13/n = 1 sec14/n = 1 sec15/n = 1 sec16/n = 1 sec17/n = 1 sec18/n = 1

CURVE zp18 − 20

XYZ sec18/n = 1 sec19/n = 1 sec20/n = 1

！加密线

CURVE secwz

X 1. 81

YZ （2. 57 1. 72） （2. 84 1. 58） （2. 95 1. 47） （3. 04 1. 31） （3. 05 1. 20） （3. 02 1. 02） （2. 93 0. 93）

CURVE secwz2

X 1. 81

YZ secwz/n = −1 （2. 84 0. 93） （2. 71 1. 04） （2. 66 1. 20） （2. 64 1. 27） （2. 61 1. 52） secwz/n = 1

CURVE sjm1

XYZ qbsz/z = 3. 6 sec20/n = 16

CURVE szj1

XYZ sec18/n = −3 sec19/n = −3 sec20/n = −3 / − （59 1. 8 4. 18） （59. 2 1. 41 4. 2） （59. 3 1. 21 4. 21） qbsz/z = 4. 3

CURVE water1

Z qbsz/n = 5

XY qbsz sec20 sec19 sec18 sec17

CURVE water2

Z sec20/n = 11

XY sec20/n = 11 sec19 sec18 sec17

CURVE weizongpouxian

XYZ （1. 81 2. 57 1. 72） （1. 94 2. 51 1. 8） （2. 17 2. 35 2） （2. 31 2. 22 2. 13） （2. 41 2. 12

2. 22）（2. 48 2. 05 2. 28）（2. 56 1. 96 2. 35）（2. 623 1. 89 2. 4）（2. 695 1. 8 2. 46）（2. 75 1. 73 2. 5）（2. 8 1. 67 2. 54）/ - （2. 6 1. 62 2. 56）（2. 1 1. 54 2. 6）（1. 81 1. 5 2. 62）

CURVE wjm3

XYZ secwz/n = 4 secwz2/n = 5

CURVE wjm4

XYZ secwz/n = 1 sec1/n = 16

CURVE wjm5

XYZ secwz2/n = -1 sec1/n = 7

CURVE wjm7

Y sec0. 5/n = 4

XZ sec0. 5 sec1

CURVE wjm9

XYZ wjm3/n = 1 sec1/n = 14

CURVE wjm10

XYZ wjm3/n = -1 sec1/n = 9

CURVE wzx

XYZ weifengban/n = -3 sec0/n = -3 sec0. 5/n = -2 sec1/n = -2 sec2/n = -3 sec3/n = -2 sec4/n = -3 sec5/n = -3

CURVE wzx2

XYZ sec1/n = 19 / - sec2/n = 14 sec3/n = 15 sec4/n = 12 sec5/n = 11 sec6/n = 5 sec7/y = 5. 12

CURVE wzx3

XYZ sec1/n = 3 sec2/n = 2 sec3/n = 2 sec4/n = 3 sec5/n = 3 sec6/y = 2. 12 sec7/y = 2. 22

CURVE wzx4

XYZ secwz/n = -1 sec1/n = 11 sec2/n = 8 sec4/n = 8 sec5/n = 6 sec6/n = 2 sec7/n = 2

CURVE zzx

XYZ sec5/n = -3 sec6/n = -2 sec7/n = -2 sec8/n = -2 sec10/n = -2 sec11/n = -2 sec12/n = -2 sec13/n = -2 sec14/n = -2 sec15/n = -2 sec16/n = -2 sec17/n = -2 sec18/n = -2

CURVE jimi

XYZ sec20/n = 17 sec19/n = 17

CURVE wjm1

XYZ wzx2/n = 1 weizongpouxian/n = 11

CURVE wjm2

XYZ weizongpouxian/n = 11 wzx3/n = 1

CURVE wjm8

X wjm1/n = 2

YZ wjm1/n = 2 wjm7

CURVE wjm6

X wjm2/n = 1

YZ wjm2/n = 1 zp0 − 5

！几何面

SURF s

THR sec17 zzx sec18 jbb5 − 18 lg18x szj1 jbzx18 jbzx5 − 18 sec19 sec20 qbsz jbb18 − 20 lg20 lg18 jbzx18 − 20 sjm1 jimi zp18 − 20 water1 water2 zp5 − 18

MIRROR s_M

SOURCE s

SURF w

THR weifengban sec0 sec1 sec2 sec3 sec4 lg4 lg0 lgwfb zp0 − 5 jbb0 − 5 jbzx0 − 5 sec0. 5 wzx wzx2 wzx3 secwz secwz2 wzx4 wjm1 wjm2 weizongpouxian wjm3 wjm4 wjm5 wjm6 wjm7 wjm8 wjm9 wjm10 lg5x lg5 jbzx5 sec5

MIRROR w_M

SOURCE w

SURF z

THR sec13 sec14 sec15 sec16 lg14 lg16 sec17 zzx jbb5 − 18 sec6 sec7 sec8 sec10 sec11 sec12 lg8 lg10 lg12 zp5 − 18 wzx2 wzx3 wzx4 lg7 jbzx5 − 18 sec5 lg5x lg18x

MIRROR z_M

SOURCE z

！船壳

HULL Hull_1

THR s s_M w w_M z z_M

！舱室

SPACE Bottom35 − 55

X #35 #55

APOINTS（Z − 1. 2）

FPOINTS

From HULL_1

SPACE dansleft

X #27 #35

APOINTS（0 z +）（y − z −）

FPOINTS（0 z +）（y − z −）

From HULL_1

SPACE dansright

X #27 #35

APOINTS（0 z +）（y + z −）

FPOINTS（0 z +）（y + z −）

From HULL_1

SPACE glc

X #25 #27

APOINTS (z + z -)

FPOINTS (z + z -)

From HULL_1

SPACE Side35 − 55Left

X #35 #55

APOINTS (5. 5 1. 2) (y + z +)

FPOINTS

From HULL_1

SPACE Side35 − 55Right

X #35 #55

APOINTS (− 5. 5 1. 2) (y − z +)

FPOINTS

From HULL_1

SPACE sjc84 − s

X #84 x +

APOINTS (z − z +)

FPOINTS (z − z +)

From HULL_1

SPACE youcleft

X #15 #25

APOINTS (4 z −) (y + 1. 0)

FPOINTS (4 z −) (y + 1. 0)

From HULL_1

SPACE youcright

X #15 #25

APOINTS (− 4 z −) (y − 1. 0)

FPOINTS (− 4 z −) (y − 1. 0)

From HULL_1

执行结果：

附图 A − 1

附录 B　1 000 t 多用途船静水力计算报告

内河船舶静水力计算程序 2016

版本号:5. 18. 0426

* *

静水力计算报告

* *

船　　名：1 000 t 多用途货舱

控制编号：

航区航段：A 级航区 J1 级航段

设计单位：武汉船舶职业技术学院

计算签名：黄群英

软件用户：武汉船舶职业技术学院

用户标识：R72FVFN91C0D0364AC79X10F

使用期至：2019 年 9 月 3 日

计算日期：2018 年 8 月 20 日

打印日期：2018 年 8 月 20 日

程序编制:中国船级社武汉规范研究所

1. 声明

（1）本报告的计算软件为标准版,若将此报告送审,则须将与之匹配的模型数据文件同时送审。若软件为非正版、非最新版本或不在软件使用期内,则生成的报告也不适于送审。

（2）本报告的计算软件版本为5.18.0426,用户名为武汉船舶职业技术学院倪军,软件使用期至2019年9月3日。

（3）本报告的计算结果和结论是基于对应的数据模型,计算人员负责确保数据模型与实船图纸资料一致。

2. 船舶概况

本船为航行于内河A级航区J1级航段的自航船,基本参数见附表B-1。

附表 B-1

序号	数据项	符号	单位	设计值
1	垂线间长	L_{pp}	m	55.800
2	规范船长	L	m	55.800
3	船宽	B	m	10.800
4	型深	D	m	3.500
5	吃水	d	m	2.700
6	船舶原点	O		艉垂线
7	舷外水密度	ρ	t/m³	1.000

3. 静水力曲线（附表B-2）

附表 B-2

序号	吃水 d /m	型排水体积 Δ/m³	总排水体积 Δ_k/m³	排水量 Δ/t	每厘米吃水吨数 TPC /(t·cm⁻¹)	水线船长 L_s/m	水线船宽 B_s/m	浮心 X_B/m	浮心 Y_B/m	浮心 Z_B/m	漂心 X_F/m
1	0.000	0.030	0.030	0.030	1.107	34.734	7.199	18.521	0.000	-0.001	28.067
2	0.450	151.774	152.685	152.685	3.936	47.911	9.469	27.863	0.000	0.240	27.703
3	0.900	344.317	346.383	346.383	4.581	50.223	10.279	27.829	0.000	0.487	27.930
4	1.350	562.501	565.876	565.876	5.113	51.725	10.703	27.865	0.000	0.736	27.784
5	1.800	807.800	812.647	812.647	5.716	55.955	10.800	27.599	0.000	0.992	26.505
6	2.250	1 070.260	1 076.68	1 076.682	5.931	56.770	10.800	27.354	0.000	1.246	26.731
7	2.700	1 340.429	1 348.47	1 348.472	6.065	57.350	10.800	27.260	0.000	1.494	27.037
8	3.150	1 615.241	1 624.93	1 624.933	6.142	57.724	10.800	27.242	0.000	1.737	27.264
9	全部	1 963.764	1 975.55	1 975.547	—	—	—	28.051	0.000	2.049	—

注:C_B、C_P、C_{WP}等船型系数的计算参数为水线船长和水线船宽。

附表 B-2（续）

序号	吃水 d/m	横稳心 Z_M/m	纵稳心 Z_{ML}/m	每厘米纵倾力矩 MTC/(t·m·cm^{-1})	水线面面积 A_W/m^2	湿表面面积 A_V/m^2	水线面系数 C_{WP}	中横剖面系数 C_M	方形系数 C_B	棱形系数 C_P
1	0.000	18 556.06	286 392.37	1.531	110.705	110.708	0.443	—	—	—
2	0.450	18.289	386.951	10.582	393.621	404.418	0.868	0.915	0.743	0.813
3	0.900	11.207	228.651	14.163	458.140	493.039	0.888	0.903	0.741	0.820
4	1.350	8.665	179.696	18.149	511.340	573.244	0.924	0.906	0.753	0.831
5	1.800	7.355	171.198	24.788	571.613	669.496	0.946	0.923	0.743	0.805
6	2.250	6.382	142.496	27.255	593.105	736.986	0.967	0.938	0.776	0.827
7	2.700	5.757	121.293	28.951	606.526	801.260	0.979	0.948	0.802	0.845
8	3.150	5.348	104.742	29.996	614.245	863.631	0.985	0.956	0.823	0.861
9	全部	—	—	—	—	1 563.58	—	—	—	—

4. 进水角位置（附表 B-3）

附表 B-3

序号	位置项	$X_{进水点}$	$Y_{进水点}$	$Z_{进水点}$
1	机舱门槛	8.450	4.000	3.720
2	货舱尾	9.980	4.300	4.100
3	货舱中	27.900	4.300	4.100
4	货舱首2	46.040	4.300	4.600
5	货舱首1	50.300	2.250	4.715
6	艉甲板舱口盖	0.000	2.260	3.630
7	艏甲板舱口盖	50.770	2.850	4.350

5. 极限静倾角位置（附表 B-4）

附表 B-4

序号	位置项	$X_{入水点}$/m	$Y_{入水点}$/m	$Z_{入水点}$/m	$X_{出水点}$/m	$Y_{出水点}$/m	$Z_{出水点}$/m
1	船舯	27.900	5.400	3.500	27.900	4.736	0.450

6. 进水角与极限静倾角曲线(附表 B-5)

附表 B-5

序号	吃水 d/m	排水量 Δ/t	进水角 θ_j/(°)	形状极限静倾角 θ_{max}/(°)	入水极限静倾角 θ_{max}/(°)	出水极限静倾角 θ_{max}/(°)
1	0.000	0.030	—	0.000	—	0.000
2	0.450	152.685	89.923	0.000	54.324	0.000
3	0.900	346.383	63.828	5.223	36.055	5.223
4	1.350	565.876	42.736	10.154	25.345	10.154
5	1.800	812.647	28.977	15.033	18.698	15.033
6	2.250	1 076.682	20.761	13.382	13.382	20.305
7	2.700	1 348.472	14.048	8.503	8.503	28.941
8	3.150	1 624.933	7.710	3.720	3.720	47.441

7. 邦金曲线(附表 B-6)

7.1 $0 剖面:X = 0.000

附表 B-6

序号	水线 Z/m	水线以下面积 A/m²	面积 A 对 Y 轴的矩 M_y/m³	水线以下型线周长 l_p/m
1	1.502	0.000	0.000	0.000
2	1.800	1.926	3.231	8.394
3	2.250	5.928	11.353	9.790
4	2.700	10.245	22.046	10.802
5	3.150	14.698	35.073	11.723
6	3.723	19.969	53.078	22.529

注:余下内容省略。

附录 C 1 000 t 多用途船完整稳性计算报告

内河船舶静水力计算程序 2016

版本号:5.18.0426

* *

完整稳性计算报告

* *

船　　名：　1 000 t 多用途货舱

控制编号：

航区航段：　A 级航区 J1 级航段

设计单位：　武汉船舶职业技术学院

计算签名：　黄群英

软件用户：　武汉船舶职业技术学院

用户标识：　R72FVFN91C0D0364AC79X10F

使用期至：　2019 年 9 月 3 日

计算日期：　2018 年 8 月 20 日

打印日期：　2018 年 8 月 20 日

程序编制:中国船级社武汉规范研究所

1. 声明

(1)本报告的计算软件为标准版,若将此报告送审,则须将与之匹配的模型数据文件同时送审。若软件为非正版、非最新版本或不在软件使用期内,则生成的报告也不适于送审。

(2)本报告的计算软件版本为5.18.0426,用户名为武汉船舶职业技术学院倪军,软件使用期至2019年9月3日。

(3)本报告的计算结果和结论是基于对应的数据模型,计算人员负责确保数据模型与实船图纸资料一致。

(4)本船按《内河船舶法定检验技术规则》2016修改通报(以下简称规范或规则)干货船计算校核。

(5)计算报告中所取的装载情况是船舶设计的基本情况,若船舶在营运中的实际装载超过稳性计算书中的基本情况时,应在船舶出航前核算稳性,以保证船舶的航行安全。

(6)船舶稳性不符合规范要求而必须采用永久性水压载时,须征得用船单位和验船部门的同意,并采取有效措施,以保证压载的可靠性。

(7)稳性计算虽已符合规范要求,但船长仍应注意船舶装载、气象和水文情况,谨慎驾驶。

(8)船舶开航前,船长应检查船舶浮态,使其尽可能保持正浮,初始横倾角一般不应超过0.5°。

2. 船舶概况

本船为航行于内河A级航区J1级航段的自航船,基本参数见附表C-1。

附表C-1

序号	数据项	符号	单位	设计值
1	垂线间长	L_{pp}	m	55.800
2	规范船长	L	m	55.800
3	船宽	B	m	10.800
4	型深	D	m	3.500
5	吃水	d	m	2.700
6	船舶原点	O		艉垂线
7	最大航速	V_m	km/h	18.000
8	舷外水密度	ρ	t/m³	1.000
9	舭龙骨总面积	A_{bilge}	m²	0.000
10	舭部形式			1-圆形
11	受风侧投影计算纵剖面位置		m	0

3. 空船重量(附表C-2)

附表C-2

序号	数据项	类型	重量/t	$X_{重心}$/m	$Y_{重心}$/m	$Z_{重心}$/m	$X_{艉端}$/m	$X_{艏端}$/m
1	钢料	1-船体结构	222.300	26.080	0.000	2.635	0.000	58.000

附表 C-2(续)

序号	数据项	类型	重量/t	$X_{重心}$/m	$Y_{重心}$/m	$Z_{重心}$/m	$X_{艉端}$/m	$X_{艏端}$/m
2	舾装	2-木作舾装	30.000	12.700	0.000	3.762	0.000	58.000
3	机电	3-机电设备	38.000	6.400	0.000	2.814	0.000	58.000
Σ	船体钢料汇总	汇总	222.300	26.080	0.000	2.635	0.000	58.000
Σ	木作舾装汇总	汇总	30.000	12.700	0.000	3.762	0.000	58.000
Σ	机电设备汇总	汇总	38.000	6.400	0.000	2.814	0.000	58.000
Σ	固定压载汇总	汇总	0.000	—	—	—	—	—
Σ	其他重量汇总	汇总	0.000	—	—	—	—	—
Σ	空船汇总	汇总	290.300	22.121	0.000	2.775	0.000	58.000

4. 进水点位置(附表 C-3)

附表 C-3

序号	位置项	$X_{进水点}$/m	$Y_{进水点}$/m	$Z_{进水点}$/m
1	机舱门槛	8.450	4.000	3.720
2	货舱尾	9.980	4.300	4.100
3	货舱中	27.900	4.300	4.100
4	货舱首2	46.040	4.300	4.600
5	货舱首1	50.300	2.250	4.715
6	艉甲板舱口盖	0.000	2.260	3.630
7	艏甲板舱口盖	50.770	2.850	4.350

5. 极限静倾角位置(附表 C-4)

附表 C-4

序号	位置项	$X_{入水点}$/m	$Y_{入水点}$/m	$Z_{入水点}$/m	$X_{出水点}$/m	$Y_{出水点}$/m	$Z_{出水点}$/m
1	船舯	27.900	5.400	3.500	27.900	4.736	0.450

6. 计算工况(附表 C-5)

附表 C-5

序号	工况名称	船舶类型	核算状态	船舶子类	衡准因素	备注
1	满载出港	2-干货船	1-航行/停泊		散货滑移	
2	满载到港	2-干货船	1-航行/停泊		散货滑移	
3	空载出港	2-干货船	1-航行/停泊			
4	空载到港	2-干货船	1-航行/停泊			

7. 稳性总结表
7.1 工况1～工况4(附表C-6)

附表 C-6

序号	数据项	符号	单位	满载出港	满载到港	空载出港	空载到港
1	船舶类型			2-干货船	2-干货船	2-干货船	2-干货船
2	船舶子类						
3	排水量	Δ	t	1348.434	1314.869	328.434	294.869
4	压载量	D	t	0.000	0.000	0.000	0.000
5	计算吃水	d	m	2.700	2.648	0.799	0.755
6	艏吃水	d_f	m	2.699	2.769	-0.081	0.079
7	艉吃水	d_a	m	2.701	2.528	1.680	1.431
8	船舶重心垂向坐标	KG	m	2.697	2.697	2.761	2.771
9	船舶重心纵向坐标	X_G	m	27.256	27.789	20.286	21.869
10	水线船长	L_s	m	57.349	57.415	50.002	47.625
11	水线船宽	B_s	m	10.800	10.800	10.530	10.403
12	最终横倾角	θ_0	°	0.000	0.000	0.000	0.000
13	最终纵倾角	φ_0	°	-0.002	0.247	-1.808	-1.388
14	水面至进水点最小距离	F_j	m	0.929	1.102	1.949	2.198
15	最小距离对应的进水点位置			艉甲板舱口盖	艉甲板舱口盖	艉甲板舱口盖	艉甲板舱口盖
16	进水角	θ_j	°	13.8	15.7	45.4	55.3
17	进水角对应的进水点位置			机舱门槛	机舱门槛	机舱门槛	机舱门槛
18	形状极限静倾角	θ_{max}	m	8.5	9.1	4.1	3.6
19	许用极限静倾角	θ_r	m	8.5	9.1	4.1	3.6
20	不计自由液面修正的初稳性高度	GM_0	m	3.061	3.132	8.851	9.176
21	计入自由液面修正的初稳性高度	GM_1	m	3.046	3.116	8.790	9.108
22	计入修正的初稳性高度衡准	$[GM_1]$	m	0.200	0.200	0.200	0.200
23	计入修正的初稳性高度衡准数	$GM_1/[GM_1]$		15.230	15.580	43.950	45.540
24	计入修正的初稳性高度衡准结果			Y	Y	Y	Y

附表 **C-6**(续1)

序号	数据项	符号	单位	满载出港	满载到港	空载出港	空载到港
25	最大复原力臂	l_m	m	0.682	0.740	2.189	2.237
26	最大复原力臂衡准	$[l_m]$	m	—	—	—	—
27	最大复原力臂衡准数	$l_m/[l_m]$		—	—	—	—
28	最大复原力臂衡准结果			Y	Y	Y	Y
29	l_m对应的横倾角	θ_m	°	22.3	23.0	27.0	26.0
30	l_m对应的横倾角衡准	$[\theta_m]$	°	15.000	15.000	15.000	15.000
31	l_m对应的横倾角衡准数	$\theta_m/[\theta_m]$		1.489	1.532	1.799	1.735
32	l_m对应的横倾角衡准结果			Y	Y	Y	Y
33	θ_j对应的复原力臂	l_j	m	0.604	0.682	1.756	1.351
34	θ_j对应的复原力臂曲线面积	l_{dj}	m·rad	0.081	0.106	1.356	1.681
35	θ_m对应的复原力臂曲线面积	l_{dm}	m·rad	0.179	0.197	0.703	0.701
36	稳性消失角	θ_v	°	64.4	66.0	78.1	78.8
37	θ_v对应的复原力臂曲线面积	l_{dv}	m·rad	0.488	0.543	1.888	1.964
38	复原力臂曲线面积衡准角	θ_C	°	13.8	15.7	27.0	26.0
39	θ_C对应的复原力臂曲线面积	A	m·rad	0.081	0.106	0.703	0.701
40	复原力臂曲线面积衡准	$[A]$	m·rad	0.061	0.058	0.052	0.052
41	复原力臂曲线面积衡准数	$A/[A]$		1.328	1.828	13.519	13.481
42	复原力臂曲线面积衡准结果			Y	Y	Y	Y
43	急流复原力臂曲线面积衡准	$[A_J]$	m·rad	0.050	0.050	0.050	0.050
44	急流复原力臂曲线面积衡准数	$A/[A_J]$		1.620	2.120	14.060	14.020

附表 C-6(续2)

序号	数据项	符号	单位	满载出港	满载到港	空载出港	空载到港
45	急流复原力臂曲线面积衡准结果			Y	Y	Y	Y
46	横摇角	θ_1	°	11.9	12.0	12.6	12.7
47	横摇周期	T_θ	s	5.1	5.1	5.2	5.2
48	风压倾侧力臂	l_f	m	0.011	0.012	0.088	0.099
49	回航倾侧力臂	l_h	m	0.053	0.053	0.062	0.065
50	急流倾侧力臂	l_J	m	0.057	0.058	0.092	0.092
51	不计横摇影响的最小倾覆力臂	l_{q0}	m	0.336	0.386	1.712	1.775
52	计入横摇影响的最小倾覆力臂	l_q	m	0.042	0.087	1.144	1.240
53	风压稳性衡准数	K_f		3.708	7.240	13.063	12.572
54	急流稳性衡准数	K_J		5.883	6.609	18.527	19.260
55	回航静倾角	θ_h	°	0.995	0.971	0.405	0.412
56	回航静倾角衡准	$[\theta_h]$	°	8.504	9.059	4.050	3.550
57	回航静倾角衡准数	$[\theta_h]/\theta_h$		8.547	9.330	10.000	8.617
58	回航静倾角衡准结果			Y	Y	Y	Y
Σ	完整稳性是否合格	$Pass$		Y	Y	Y	Y

8. 各工况详情

8.1 工况 1:满载出港

8.1.1 重量项目(附表 C-7)

附表 C-7

序号	数据项	类型	重量/t	$X_{重心}$/m	$Y_{重心}$/m	$Z_{重心}$/m	$X_{艉端}$/m	$X_{艏端}$/m
1	船员及行李.1	0-其他	0.840	3.440	0.000	7.140	0.000	9.000
2	粮食.1	0-其他	0.500	6.440	0.000	7.000	0.000	9.000
3	备品.1	0-其他	2.400	3.200	0.000	4.370	0.000	9.000
4	燃油.1	4-油水	10.312	9.500	2.138	2.260	9.000	10.000
5	燃油.2	4-油水	10.312	9.500	-2.138	2.260	9.000	10.000
6	清水.1	4-油水	13.769	2.261	0.000	2.521	1.500	3.000
7	散货.1	0-其他	1020.000	29.500	0.000	2.676	10.000	50.320
Σ	压载汇总	汇总	0.000	—	—	—	—	—
Σ	油水汇总	汇总	34.394	6.602	0.000	2.364	1.500	10.000
Σ	空船汇总	汇总	290.300	22.121	0.000	2.775	0.000	58.000
Σ	全船汇总	汇总	1348.434	27.256	0.000	2.697	0.000	58.000

8.1.2 自由液面(附表C-8)

附表C-8

序号	数据项	关联舱室	计算比率	容重/ $(t \cdot m^{-3})$	总型容积/ m^3	最大长度/m	最大宽度/m	最大高度/m	惯性矩 I_x/m^4
1	燃油.1	燃油舱-左	0.500	0.900	11.692	1.000	4.300	2.754	6.626
2	燃油.2	燃油舱-右	0.500	0.900	11.692	1.000	4.300	2.754	6.626
3	清水.1	清水舱	0.500	1.000	14.050	1.500	4.000	2.482	8.000
Σ	全船		—	—	—	—	—	—	21.251

8.1.3 浮态与初稳性(附表C-9)

附表C-9

序号	数据项	符号	单位	数值
1	排水量	Δ	t	1348.434
2	水线船长	L_s	m	57.349
3	水线船宽	B_s	m	10.800
4	吃水	d	m	2.700
5	艏吃水	d_f	m	2.699
6	艉吃水	d_a	m	2.701
7	方形系数	C_b		0.802
8	初始横倾角	θ_0	°	0.00
9	不计自由液面影响的初稳性高度	GM_0	m	3.061
10	计入自由液面影响的初稳性高度	GM_1	m	3.046

8.1.4 载荷分布曲线(附表C-10)

附表C-10

肋位	X/m	空船 LWT/t	装载 G/t	总重 W/t	浮力 B/t	垂向力 q/t	剪力 N/kN	弯矩 $M/$ $(kN \cdot m)$
$-1	-2.790	0.000	0.000	0.000	0.000	0.000	0.000	0.000
$0	0.000	0.000	0.000	0.000	-15.359	-15.359	-150.667	-115.116
$0.5	1.395	11.831	0.845	12.676	-15.069	-2.392	-174.134	-339.624
$1	2.790	11.592	12.516	24.108	-17.488	6.620	-109.190	-540.023
$1.5	4.185	11.353	2.651	14.004	-21.206	-7.201	-179.835	-724.663
$2	5.580	11.114	0.553	11.667	-25.395	-13.728	-314.503	-1 064.664
$2.5	6.975	10.875	0.456	11.331	-29.038	-17.708	-488.215	-1 620.192

附表 C-10(续)

肋位	X/m	空船 LWT/t	装载 G/t	总重 W/t	浮力 B/t	垂向力 q/t	剪力 N/kN	弯矩 M/ (kN·m)
$3	8.370	10.636	0.358	10.994	-32.131	-21.137	-695.564	-2 442.439
$4	11.160	20.555	52.899	73.454	-70.603	2.852	-667.588	-4 528.122
$5	13.950	19.599	76.634	96.233	-75.285	20.948	-462.084	-6 092.887
$6	16.740	18.643	75.674	94.318	-77.115	17.203	-293.324	-7 140.018
$7	19.530	17.687	74.715	92.403	-77.541	14.861	-147.534	-7 750.394
$14	39.060	97.043	496.145	593.188	-543.264	49.924	342.223	-4 353.736
$15	41.850	10.039	67.040	77.080	-77.402	-0.322	339.066	-3 399.804
$16	44.640	9.083	66.081	75.164	-76.519	-1.355	325.776	-2 471.514
$17	47.430	8.127	65.122	73.249	-73.268	-0.019	325.594	-1 571.010
$17.5	48.825	3.705	32.201	35.906	-33.416	2.490	350.024	-1 102.943
$18	50.220	3.466	31.961	35.427	-29.539	5.888	407.789	-578.850
$18.5	51.615	3.227	2.282	5.509	-24.609	-19.100	220.420	-132.057
$19	53.010	2.988	0.000	2.988	-18.685	-15.697	66.431	60.957
$19.5	54.405	2.749	0.000	2.749	-11.701	-8.952	-21.385	84.141
$20	55.800	2.510	0.000	2.510	-3.803	-1.293	-34.069	36.364
$21	58.590	3.473	0.000	3.473	0.000	3.473	0.000	0.000

8.1.5 散货滑移(附表 C-11)

附表 C-11

序号	数据项	楔形部分货物重量/t
1	散货.1	481.6
2	全船	481.6

8.1.6 稳性力臂曲线(附表 C-12)

附表 C-12

横倾角/°	形状稳性 力臂 l_0/m	自由液面 修正值 l_{fs}/m	散货滑移 修正值 l_{sd}/m	复原力臂 l/m	动稳性力臂 l_d/(m·rad)
0.0	0.000	0.000	0.000	0.000	0.000
2.0	0.107	0.001	0.000	0.106	0.002
4.0	0.214	0.001	0.002	0.210	0.007
6.0	0.321	0.002	0.014	0.305	0.016
8.0	0.428	0.002	0.026	0.400	0.029

附表 C – 12（续）

横倾角/°	形状稳性力臂 l_0/m	自由液面修正值 l_{fs}/m	散货滑移修正值 l_{sd}/m	复原力臂 l/m	动稳性力臂 l_d/(m·rad)
10.0	0.529	0.003	0.036	0.491	0.044
12.0	0.608	0.003	0.045	0.560	0.063
14.0	0.665	0.004	0.053	0.609	0.083
16.0	0.707	0.004	0.060	0.643	0.105
18.0	0.737	0.005	0.066	0.666	0.128
20.0	0.753	0.005	0.071	0.676	0.151
22.0	0.763	0.006	0.075	0.682	0.175
24.0	0.764	0.006	0.078	0.679	0.199
26.0	0.758	0.007	0.080	0.670	0.222
28.0	0.745	0.008	0.081	0.656	0.246
30.0	0.728	0.008	0.081	0.638	0.268
32.0	0.706	0.009	0.080	0.616	0.290
34.0	0.680	0.010	0.079	0.592	0.311
36.0	0.651	0.010	0.076	0.565	0.331
38.0	0.619	0.011	0.072	0.536	0.351
40.0	0.583	0.011	0.067	0.506	0.369
45.0	0.485	0.012	0.050	0.423	0.409
50.0	0.374	0.012	0.027	0.335	0.443
55.0	0.254	0.012	0.000	0.242	0.468
60.0	0.127	0.012	0.000	0.116	0.484
65.0	-0.004	0.011	0.000	-0.015	0.488
70.0	-0.137	0.011	0.000	-0.148	0.481
75.0	-0.271	0.010	0.000	-0.281	0.462
80.0	-0.404	0.010	0.000	-0.414	0.432
85.0	-0.536	0.009	0.000	-0.545	0.390
88.0	-0.618	0.009	0.000	-0.626	0.359

8.1.7 风压倾侧力矩（附表 C – 13）

附表 C – 13

序号	数据项	类型	侧投影面积 A_s/m²	中心高度 Z_f/m	满实系数	流线系数	风压 M_f/(kN·m)	突风 M_{f0}/(kN·m)
1	上层建筑	0 – 其他	51.000	6.700	1.000	1.000	—	—
2	舱口围板	0 – 其他	24.192	3.815	1.000	1.000	—	—
3	货物超出围板	7 – 货物	61.710	4.959	1.000	1.000	—	—

附表 C –13（续）

序号	数据项	类型	侧投影面积 A_s/m²	中心高度 Z_f/m	满实系数	流线系数	风压 M_f/(kN·m)	突风 M_{f0}/(kN·m)
4	主甲板以下	0 – 其他	61.836	3.266	1.000	1.000	—	—
Σ	满实	汇总	198.738	4.740	—	—	—	—
Σ	非满实	汇总	6.033	6.795	—	—	—	—
Σ	全船	汇总	204.771	4.800	—	—	148.860	—

注："侧投影面积"列对于非汇总项目是指外轮廓侧投影面积,对于汇总项目是指受风面积;数据项为"6 – 起吊物体"时,A_s 对应吊重(t)。

8.2 工况2:满载到港
8.2 1.重量项目(附表 C –14)

附表 C –14

序号	数据项	类型	重量/t	$X_{重心}$/m	$Y_{重心}$/m	$Z_{重心}$/m	$X_{艉端}$/m	$X_{艏端}$/m
1	船员及行李.1	0 – 其他	0.840	3.440	0.000	7.140	0.000	9.000
2	粮食10%.1	0 – 其他	0.050	6.440	0.000	7.000	0.000	9.000
3	备品10%.1	0 – 其他	0.240	3.200	0.000	4.370	0.000	9.000
4	燃油10%.1	4 – 油水	1.031	9.500	2.150	1.036	9.000	10.000
5	燃油10%.2	4 – 油水	1.031	9.500	– 2.150	1.036	9.000	10.000
6	清水10%.1	4 – 油水	1.377	2.374	0.000	1.458	1.500	3.000
7	散货.1	0 – 其他	1020.000	29.500	0.000	2.676	10.000	50.320
Σ	压载汇总	汇总	0.000	—	—	—	—	—
Σ	油水汇总	汇总	3.439	6.647	0.000	1.205	1.500	10.000
Σ	空船汇总	汇总	290.300	22.121	0.000	2.775	0.000	58.000
Σ	全船汇总	汇总	1314.869	27.789	0.000	2.697	0.000	58.000

8.2.2 自由液面(附表 C –15)

附表 C –15

序号	数据项	关联舱室	计算比率	容重/(t·m⁻³)	总型容积/m³	最大长度/m	最大宽度/m	最大高度/m	惯性矩 I_x/m⁴
1	燃油10%.1	燃油舱 – 左	0.500	0.900	11.692	1.000	4.300	2.754	6.626
2	燃油10%.2	燃油舱 – 右	0.500	0.900	11.692	1.000	4.300	2.754	6.626
3	清水10%.1	清水舱	0.500	1.000	14.050	1.500	4.000	2.482	8.000
Σ	全船		—	—	—	—	—	—	21.251

8.2.3 浮态与初稳性(附表 C-16)

附表 C-16

序号	数据项	符号	单位	数值
1	排水量	Δ	t	1 314.869
2	水线船长	L_s	m	57.415
3	水线船宽	B_s	m	10.800
4	吃水	d	m	2.648
5	艏吃水	d_f	m	2.769
6	艉吃水	d_a	m	2.528
7	方形系数	C_b		0.796
8	初始横倾角	θ_0	°	0.00
9	不计自由液面影响的初稳性高度	GM_0	m	3.132
10	计入自由液面影响的初稳性高度	GM_1	m	3.116

8.2.4 载荷分布曲线(附表 C-17)

附表 C-17

肋位	X/m	空船 LWT/t	装载 G/t	总重 W/t	浮力 B/t	垂向力 q/t	剪力 N/kN	弯矩 M/(kN·m)
$-1	-2.790	0.000	0.000	0.000	0.000	0.000	0.000	0.000
$0	0.000	0.000	0.000	0.000	-12.720	-12.720	-124.787	-98.160
$0.5	1.395	11.831	0.272	12.103	-12.728	-0.625	-130.923	-276.088
$1	2.790	11.592	1.338	12.930	-15.183	-2.253	-153.026	-473.157
$1.5	4.185	11.353	0.476	11.829	-18.943	-7.114	-222.815	-729.974
$2	5.580	11.114	0.165	11.280	-23.182	-11.903	-339.580	-1 119.031
$2.5	6.975	10.875	0.130	11.005	-26.882	-15.877	-495.333	-1 698.595
$3	8.370	10.636	0.095	10.731	-30.041	-19.310	-684.767	-2 519.839
$4	11.160	20.555	34.238	54.793	-66.669	-11.876	-801.275	-4 828.617
$5	13.950	19.599	76.634	96.232	-71.709	24.523	-560.701	-6 719.775
$6	16.740	18.643	75.674	94.317	-73.903	20.414	-360.437	-8 000.413
$7	19.530	17.687	74.715	92.402	-74.697	17.705	-186.752	-8 761.440
$14	39.060	97.043	496.145	593.182	-533.631	59.552	397.451	-4 943.347
$15	41.850	10.039	67.040	77.079	-77.494	-0.415	393.382	-3 838.917
$16	44.640	9.083	66.081	75.164	-76.979	-1.815	375.578	-2 767.698
$17	47.430	8.127	65.122	73.248	-74.094	-0.846	367.283	-1 741.880
$17.5	48.825	3.705	32.201	35.906	-33.967	1.939	386.304	-1 220.902

附表 C-17(续)

肋位	X/m	空船 LWT/t	装载 G/t	总重 W/t	浮力 B/t	垂向力 q/t	剪力 N/kN	弯矩 $M/$ (kN·m)
$18	50.220	3.466	31.961	35.427	-30.181	5.246	437.771	-652.066
$18.5	51.615	3.227	2.282	5.509	-25.339	-19.830	243.242	-169.922
$19	53.010	2.988	0.000	2.988	-19.490	-16.502	81.355	47.911
$19.5	54.405	2.749	0.000	2.749	-12.533	-9.784	-14.626	84.626
$20	55.800	2.510	0.000	2.510	-4.487	-1.977	-34.024	39.516
$21	58.590	3.473	0.000	3.473	-0.005	3.468	0.000	0.000

8.2.5 散货滑移(附表 C-18)

附表 C-18

序号	数据项	楔形部分货物重量/t
1	散货.1	481.6
2	全船	481.6

8.2.6 稳性力臂曲线(附表 C-19)

附表 C-19

横倾角/(°)	形状稳性 力臂 l_0/m	自由液面 修正值 l_{fs}/m	散货滑移 修正值 l_{sd}/m	复原 力臂 l/m	动稳性力臂 $l_d/$ (m·rad)
	m	m	m	m	m·rad
0.0	0.000	0.000	0.000	0.000	0.000
2.0	0.109	0.001	0.000	0.109	0.002
4.0	0.219	0.001	0.002	0.215	0.008
6.0	0.328	0.002	0.014	0.312	0.017
8.0	0.438	0.002	0.026	0.410	0.029
10.0	0.546	0.003	0.036	0.507	0.045
12.0	0.635	0.003	0.045	0.587	0.065
14.0	0.701	0.004	0.053	0.644	0.086
16.0	0.751	0.004	0.060	0.687	0.109
18.0	0.778	0.005	0.066	0.708	0.134
20.0	0.809	0.005	0.071	0.732	0.159
22.0	0.821	0.006	0.075	0.740	0.185
24.0	0.825	0.007	0.078	0.740	0.210
26.0	0.820	0.007	0.080	0.733	0.236

附表 C - 19（续）

横倾角/(°)	形状稳性力臂 l_0/m	自由液面修正值 l_{fs}/m	散货滑移修正值 l_{sd}/m	复原力臂 l/m	动稳性力臂 l_d/（m·rad）
28.0	0.810	0.008	0.081	0.721	0.262
30.0	0.794	0.009	0.081	0.704	0.286
32.0	0.773	0.009	0.080	0.683	0.311
34.0	0.747	0.010	0.079	0.659	0.334
36.0	0.718	0.011	0.076	0.632	0.357
38.0	0.685	0.011	0.072	0.603	0.378
40.0	—	—	—	—	—
45.0	0.549	0.012	0.050	0.487	0.445
50.0	0.434	0.012	0.027	0.395	0.483
55.0	0.309	0.012	0.000	0.297	0.514
60.0	0.176	0.012	0.000	0.164	0.534
65.0	0.038	0.012	0.000	0.027	0.542
70.0	-0.102	0.011	0.000	-0.114	0.539
75.0	-0.244	0.011	0.000	-0.255	0.523
80.0	-0.385	0.010	0.000	-0.395	0.494
85.0	-0.524	0.009	0.000	-0.533	0.454
88.0	-0.607	0.009	0.000	-0.616	0.424

8.2.7 风压倾侧力矩（附表 C - 20）

附表 C - 20

序号	数据项	类型	侧投影面积 A_s/m²	中心高度 Z_f/m	满实系数	流线系数	风压 M_f/（kN·m）	突风 M_{f0}/（kN·m）
1	上层建筑	0 - 其他	51.000	6.700	1.000	1.000	—	—
2	舱口围板	0 - 其他	24.192	3.815	1.000	1.000	—	—
3	货物超出围板	7 - 货物	61.710	4.959	1.000	1.000	—	—
4	主甲板以下	0 - 其他	64.784	3.239	1.000	1.000	—	—
Σ	满实	汇总	201.686	4.709	—	—	—	—
Σ	非满实	汇总	6.033	6.795	—	—	—	—
Σ	全船	汇总	207.719	4.770	—	—	154.408	—

注："侧投影面积"列对于非汇总项目是指外轮廓侧投影面积,对于汇总项目是指受风面积;数据项为"6 - 起吊物体"时,A_s对应吊重(t)。

8.3　工况3:空载出港

8.4　工况4:空载到港

9.结论

基于用户建立的船舶模型以及输入的计算参数,完整稳性衡准结果如附表 C - 21 所示。

附表 C - 21

序号	衡准项	符号	是否合格	不合格工况序号
1	计入修正的初稳性高度衡准	$[GM_1]$	Y	
2	最大复原力臂	$[l_m]$	Y	
3	最大复原力臂 l_m 对应的横倾角	$[\theta_m]$	Y	
4	复原力臂曲线面积	$[A]$	Y	
5	急流复原力臂曲线面积	$[A_J]$	Y	
6	风压稳性衡准数	K_f	Y	
7	急流稳性衡准数	K_J	Y	
8	回航静倾角衡准结果	$[\theta_h]$	Y	
Σ	完整稳性是否合格	$Pass$	Y	

附录 D 1 000 t 多用途船破损稳性计算报告

内河船舶静水力计算程序 2016

版本号:5. 18. 0426

* *

破损稳性计算报告

* *

船　　名：1 000 t 多用途货舱

控制编号：

航区航段：A 级航区 J1 级航段

设计单位：武汉船舶职业技术学院

计算签名：黄群英

软件用户：武汉船舶职业技术学院

用户标识：R72FVFN91C0D0364AC79X10F

使用期至：2019 年 9 月 3 日

计算日期：2018 年 8 月 20 日

打印日期：2018 年 8 月 20 日

程序编制:中国船级社武汉规范研究所

1. 声明

（1）本报告的计算软件为标准版，若将此报告送审，则须将与之匹配的模型数据文件同时送审。若软件为非正版、非最新版本或不在软件使用期内，则生成的报告也不适于送审。

（2）本报告的计算软件版本为5.18.0426，用户名为武汉船舶职业技术学院倪军，软件使用期至2019年9月3日。

（3）本报告的计算结果和结论是基于对应的数据模型，计算人员负责确保数据模型与实船图纸资料一致。

（4）本船按《内河船舶法定检验技术规则》2016修改通报（以下简称规范或规则）干货船计算校核。

2. 船舶概况

本船为航行于内河A级航区J1级航段的自航船，基本参数如附表D－1所示。

附表D－1

序号	数据项	符号	单位	设计值
1	垂线间长	L_{pp}	m	55.800
2	规范船长	L	m	55.800
3	船宽	B	m	10.800
4	型深	D	m	3.500
5	吃水	d	m	2.700
6	船舶原点	O		艉垂线
7	最大航速	V_m	km/h	18.000
8	舷外水密度	ρ	t/m³	1.000
9	舭龙骨总面积	A_{bilge}	m²	0.000
10	舭部形式			1－圆形
11	受风侧投影计算纵剖面位置		m	0

3. 进水点位置（附表D－2）

附表D－2

序号	位置项	$X_{进水点}/m$	$Y_{进水点}/m$	$Z_{进水点}/m$
1	机舱门槛	8.450	4.000	3.720
2	货舱尾	9.980	4.300	4.100
3	货舱中	27.900	4.300	4.100
4	货舱首2	46.040	4.300	4.600
5	货舱首1	50.300	2.250	4.715
6	艉甲板舱口盖	0.000	2.260	3.630
7	艏甲板舱口盖	50.770	2.850	4.350

4. 极限静倾角位置(附表 D-3)

附表 D-3

序号	位置项	$X_{入水点}$/m	$Y_{入水点}$/m	$Z_{入水点}$/m	$X_{出水点}$/m	$Y_{出水点}$/m	$Z_{出水点}$/m
1	船舯	27.900	5.400	3.500	27.900	4.736	0.450

5. 甲板边线点位置(附表 D-4)

附表 D-4

序号	位置项	$X_{甲板边}$/m	$Y_{甲板边}$/m	$Z_{甲板边}$/m
1	艉端	-1.550	4.872	3.618
2	0 站	0.000	4.990	3.597
3	2 站	5.580	5.324	3.521
4	5 站	13.950	5.400	3.500
5	10 站	27.900	5.400	3.500
6	14 站	39.060	5.400	3.500
7	16 站	44.640	5.400	3.617
8	FR92-1	50.320	5.380	3.830
9	FR92-2	50.320	5.380	4.235
10	19 站	53.010	5.285	4.320
11	20 站	55.800	5.120	4.382
12	艏端	56.450	4.795	4.400

6. 浸没点位置(附表 D-5)

附表 D-5

序号	位置项	$X_{浸没点}$/	$Y_{浸没点}$/m	$Z_{浸没点}$/m	关联舱室
1	机舱门槛	8.450	4.000	3.720	机舱
2	透气管 FR10	5.000	4.200	3.800	No.0 舷边空舱-左
3	透气管 FR25	12.800	4.200	3.800	No.1 舷边空舱-左
4	透气管 FR38	20.080	4.200	3.800	No.2 舷边空舱-右
5	透气管 FR50	26.800	4.200	3.800	No.3 舷边空舱-左
6	透气管 FR62	33.520	4.200	3.965	No.4 舷边空舱-左
7	透气管 FR74	40.240	4.200	4.145	No.5 舷边空舱-左
8	透气管 FR86	46.960	4.200	4.325	No.6 舷边空舱-左
9	艉甲板舱口盖	0.000	2.260	3.630	舵机舱
10	艏甲板舱口盖	50.770	2.850	4.350	艏尖舱

7. 计算工况(附表 D-6)

附表 D-6

序号	完整工况名称	核算状态	破损组合	备注
1	满载出港	1-航行/停泊	舵机舱	
2	满载出港	1-航行/停泊	清水舱;机舱	
3	满载出港	1-航行/停泊	No.0 舷边空舱-左	
4	满载出港	1-航行/停泊	No.0 底压载舱-左;No.1 底压载舱-左	
5	满载出港	1-航行/停泊	No.1 舷边空舱-左	
6	满载出港	1-航行/停泊	No.2 舷边空舱-右	
7	满载出港	1-航行/停泊	No.3 舷边空舱-左	
8	满载出港	1-航行/停泊	No.4 舷边空舱-左	
9	满载出港	1-航行/停泊	No.2 底压载舱-左	
10	满载出港	1-航行/停泊	No.5 舷边空舱-左	
11	满载出港	1-航行/停泊	No.6 舷边空舱-左	
12	满载出港	1-航行/停泊	No.3 底压载舱-左	
13	满载出港	1-航行/停泊	艏尖舱	
14	满载到港	1-航行/停泊	舵机舱	
15	满载到港	1-航行/停泊	清水舱;机舱	
16	满载到港	1-航行/停泊	No.0 舷边空舱-左	
17	满载到港	1-航行/停泊	No.0 底压载舱-左;No.1 底压载舱-左	
18	满载到港	1-航行/停泊	No.1 舷边空舱-左	
19	满载到港	1-航行/停泊	No.2 舷边空舱-右	
20	满载到港	1-航行/停泊	No.3 舷边空舱-左	
21	满载到港	1-航行/停泊	No.4 舷边空舱-左	
22	满载到港	1-航行/停泊	No.2 底压载舱-左	
23	满载到港	1-航行/停泊	No.5 舷边空舱-左	
24	满载到港	1-航行/停泊	No.6 舷边空舱-左	
25	满载到港	1-航行/停泊	No.3 底压载舱-左	
26	满载到港	1-航行/停泊	艏尖舱	
27	空载出港	1-航行/停泊	舵机舱	
28	空载出港	1-航行/停泊	清水舱;机舱	
29	空载出港	1-航行/停泊	No.0 舷边空舱-左	
30	空载出港	1-航行/停泊	No.0 底压载舱-左;No.1 底压载舱-左	
31	空载出港	1-航行/停泊	No.1 舷边空舱-左	
32	空载出港	1-航行/停泊	No.2 舷边空舱-右	

附表 D－6(续)

序号	完整工况名称	核算状态	破损组合	备注
33	空载出港	1－航行/停泊	No. 3 舷边空舱－左	
34	空载出港	1－航行/停泊	No. 4 舷边空舱－左	
35	空载出港	1－航行/停泊	No. 2 底压载舱－左	
36	空载出港	1－航行/停泊	No. 5 舷边空舱－左	
37	空载出港	1－航行/停泊	No. 6 舷边空舱－左	
38	空载出港	1－航行/停泊	No. 3 底压载舱－左	
39	空载出港	1－航行/停泊	艏尖舱	
40	空载到港	1－航行/停泊	舵机舱	
41	空载到港	1－航行/停泊	清水舱;机舱	
42	空载到港	1－航行/停泊	No. 0 舷边空舱－左	
43	空载到港	1－航行/停泊	No. 0 底压载舱－左;No. 1 底压载舱－左	
44	空载到港	1－航行/停泊	No. 1 舷边空舱－左	
45	空载到港	1－航行/停泊	No. 2 舷边空舱－右	
46	空载到港	1－航行/停泊	No. 3 舷边空舱－左	
47	空载到港	1－航行/停泊	No. 4 舷边空舱－左	
48	空载到港	1－航行/停泊	No. 2 底压载舱－左	
49	空载到港	1－航行/停泊	No. 5 舷边空舱－左	
50	空载到港	1－航行/停泊	No. 6 舷边空舱－左	
51	空载到港	1－航行/停泊	No. 3 底压载舱－左	
52	空载到港	1－航行/停泊	艏尖舱	

8. 破损稳性总结表

8.1. 工况 1～工况 4(附表 D－7)

附表 D－7

序号	数据项	符号	单位	工况 1	工况 2	工况 3	工况 4
1	船舶类型			2－干货船	2－干货船	2－干货船	2－干货船
2	排水量	Δ	t	1 348.4	1 334.7	1 348.4	1 348.4
3	计算吃水	d	m	2.747	2.889	2.712	2.781
4	艏吃水	d_f	m	2.596	2.426	2.683	2.684
5	艉吃水	d_a	m	2.898	3.353	2.741	2.878
6	水线船长	L_s	m	57.230	57.031	57.330	57.344
7	水线船宽	B_s	m	10.800	10.800	10.800	10.803
8	最终横倾角	θ_0	°	0.000	0.000	－0.513	－1.461
9	最终纵倾角	φ_0	°	－0.310	－0.952	－0.060	－0.199

附表 D-7（续1）

序号	数据项	符号	单位	工况 1	工况 2	工况 3	工况 4
10	水面至浸没点最小距离	F_j	m	0.868	0.277	0.869	0.695
11	最小距离对应的浸没点位置			机舱门槛	艉甲板舱口盖	艉甲板舱口盖	艉甲板舱口盖
12	水面至舱壁甲板最小距离	F	m	0.653	0.240	0.725	0.527
13	最小距离对应的舱壁甲板位置			2 站	艉端	5 站	2 站
14	船舶重心纵向坐标	X_G	m	27.256	27.514	27.256	27.256
15	船舶重心横向坐标	Y_G	m	0.000	0.000	0.000	0.000
16	船舶重心垂向坐标	KG	m	2.697	2.699	2.697	2.697
17	船舶浮心垂向坐标	Z_B	m	1.506	1.584	1.497	1.583
18	船舶漂心纵向坐标	X_F	m	28.334	29.323	27.298	26.995
19	船舶漂心横向坐标	Y_F	m	0.000	0.000	-0.059	0.013
20	船舶漂心垂向坐标	Z_F	m	2.745	2.865	2.712	2.784
21	横稳心垂向坐标	Z_M	m	5.560	5.552	5.597	5.833
22	进水角	θ_j	°	11.6	6.1	13.0	11.7
23	进水角对应的进水点位置			机舱门槛	艉甲板舱口盖	机舱门槛	机舱门槛
24	不计自由液面修正的初稳性高度	GM_0	m	2.863	2.854	2.900	3.136
25	计入自由液面修正的初稳性高度	GM_1	m	2.849	2.845	2.885	3.122
26	计入修正的初稳性高度衡准	$[GM_1]$	m	0.100	0.100	0.100	0.100
27	计入修正的初稳性高度衡准结果			Y	Y	Y	Y
28	最大复原力臂	l_m	m	0.598	0.449	0.618	0.577
29	l_m对应的横倾角	θ_m	°	20.4	18.0	22.4	22.3
30	θ_j对应的复原力臂	l_j	m	0.500	0.277	0.529	0.467
31	θ_j对应的复原力臂曲线面积	l_{dj}	m·rad	0.055	0.016	0.063	0.045
32	θ_m对应的复原力臂曲线面积	l_{dm}	m·rad	0.142	0.099	0.160	0.146
33	稳性消失角	θ_v	°	61.4	56.2	62.8	63.4
34	θ_v对应的复原力臂曲线面积	l_{dv}	m·rad	0.406	0.278	0.427	0.400
35	剩余稳性曲线面积衡准角范围（从θ_0起）	θ_C	°	11.6	6.1	12.5	10.3
36	剩余稳性曲线面积衡准角范围衡准	$[\theta_C]$	°	—	—	—	—

附表 D-7（续2）

序号	数据项	符号	单位	工况1	工况2	工况3	工况4
37	剩余稳性曲线面积衡准角范围衡准结果			Y	Y	Y	Y
38	θ_C对应的复原力臂曲线面积	A	m·rad	0.055	0.016	0.063	0.046
39	复原力臂曲线面积衡准	$[A]$	m·rad	0.010	0.014	0.010	0.010
40	复原力臂曲线面积衡准结果			Y	Y	Y	Y
Σ	破损稳性是否合格	$Pass$		Y	Y	Y	Y

8.2. 工况5~工况8（附表 D-8）

附表 D-8

序号	数据项	符号	单位	工况5	工况6	工况7	工况8
1	船舶类型			2-干货船	2-干货船	2-干货船	2-干货船
2	排水量	Δ	t	1 348.4	1 348.4	1 348.4	1 348.4
3	计算吃水	d	m	2.721	2.724	2.725	2.725
4	艏吃水	d_f	m	2.688	2.705	2.723	2.741
5	艉吃水	d_a	m	2.753	2.744	2.726	2.709
6	水线船长	L_s	m	57.341	57.360	57.378	57.395
7	水线船宽	B_s	m	10.801	10.802	10.802	10.802
8	最终横倾角	θ_0	°	-0.875	1.007	-1.006	-1.008
9	最终纵倾角	φ_0	°	-0.066	-0.040	-0.004	0.033
10	水面至浸没点最小距离	F_j	m	0.843	0.926	0.864	0.881
11	最小距离对应的浸没点位置			艉甲舱口盖	艉甲板舱口盖	艉甲板舱口盖	艉甲舱口盖
12	水面至舱壁甲板最小距离	F	m	0.681	0.671	0.680	0.673
13	最小距离对应的舱壁甲板位置			5站	5站	5站	14站
14	船舶重心纵向坐标	X_G	m	27.256	27.256	27.256	27.256
15	船舶重心横向坐标	Y_G	m	0.000	0.000	0.000	0.000
16	船舶重心垂向坐标	KG	m	2.697	2.697	2.697	2.697
17	船舶浮心垂向坐标	Z_B	m	1.503	1.506	1.506	1.506
18	船舶漂心纵向坐标	X_F	m	27.184	27.116	27.050	26.984
19	船舶漂心横向坐标	Y_F	m	-0.051	0.050	-0.050	-0.050
20	船舶漂心垂向坐标	Z_F	m	2.721	2.724	2.724	2.724
21	横稳心垂向坐标	Z_M	m	5.615	5.618	5.619	5.621
22	进水角	θ_j	°	13.0	13.6	13.3	13.5
23	进水角对应的进水点位置			机舱门槛	机舱门槛	机舱门槛	机舱门槛

附表 D-8(续)

序号	数据项	符号	单位	工况 5	工况 6	工况 7	工况 8
24	不计自由液面修正的初稳性高度	GM_0	m	2.918	2.921	2.922	2.924
25	计入自由液面修正的初稳性高度	GM_1	m	2.903	2.906	2.908	2.909
26	计入修正的初稳性高度衡准	$[GM_1]$	m	0.100	0.100	0.100	0.100
27	计入修正的初稳性高度衡准结果			Y	Y	Y	Y
28	最大复原力臂	l_m	m	0.603	0.597	0.599	0.601
29	l_m对应的横倾角	θ_m	°	22.3	22.2	22.0	21.4
30	θ_j对应的复原力臂	l_j	m	0.514	0.520	0.516	0.522
31	θ_j对应的复原力臂曲线面积	l_{dj}	m·rad	0.059	0.063	0.061	0.063
32	θ_m对应的复原力臂曲线面积	l_{dm}	m·rad	0.153	0.150	0.148	0.141
33	稳性消失角	θ_v	°	62.6	62.5	62.6	62.7
34	θ_v对应的复原力臂曲线面积	l_{dv}	m·rad	0.413	0.408	0.410	0.411
35	剩余稳性曲线面积衡准角范围(从θ_0起)	θ_C	°	12.1	12.6	12.3	12.5
36	剩余稳性曲线面积衡准角范围衡准	$[\theta_C]$	°	—	—	—	—
37	剩余稳性曲线面积衡准角范围衡准结果			Y	Y	Y	Y
38	θ_C对应的复原力臂曲线面积	A	m·rad	0.060	0.064	0.061	0.063
39	复原力臂曲线面积衡准	$[A]$	m·rad	0.010	0.010	0.010	0.010
40	复原力臂曲线面积衡准结果			Y	Y	Y	Y
Σ	破损稳性是否合格	$Pass$		Y	Y	Y	Y

8.3. 工况 9 ~ 工况 12

8.4. 工况 13 ~ 工况 16

8.13. 工况 49 ~ 工况 52

9. 结论
基于用户建立的船舶模型以及输入的计算参数,破损稳性衡准结果见附表 D-9。

附表 D - 9

序号	衡准项	符号	是否合格	不合格工况序号
1	浸没点至水线面最小距离	$[F]$	Y	
2	最终横倾角	$[\theta_0]$	Y	
3	计入修正的初稳性高度衡准	$[GM_1]$	Y	
4	剩余稳性曲线面积衡准角范围(从 θ_0 起)	$[\theta_C]$	Y	
5	θ_C 范围内的剩余稳性曲线下面积	$[A]$	Y	
Σ	破损稳性是否合格	$Pass$	Y	